アガルートの
司法試験・予備試験
総合講義 1問1答

民 法

第2版

アガルートアカデミー 編著

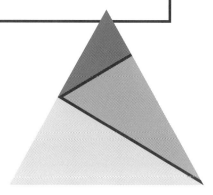

AGAROOT
ACADEMY

はしがき

　本書は，司法試験・予備試験の主に論文式試験で問われる知識を1問1答形式で整理したものである。初学者であれば，基本書等を読み進めて理解した後で，その知識を復習するための副教材として使用することを，中上級者であれば，一通りインプットを済ませた後で，知識を網羅的に点検し，定着させるものとして使用することを想定している。

　論文式試験で問われる知識を整理・確認する書籍としては，論証として整理をしている論証集や，問題とその解説あるいは解答例という形式で提供する演習書が存在する。しかし，論証集には，問題形式になっておらず人によっては覚えにくく取り組みにくいという側面があり，演習書には，問題文が長文になりがちで知識を再確認するには使いにくいという側面がある。

　そのため，シンプルに論文で問われる知識をおさらいできる問題集はないかと模索した結果，1問1答形式の問題集に至った。作成当時は，アガルートアカデミーで個別指導を受講している受講生向けに，復習用教材として使用していたのであるが，その評判が上々であり，学習の成果も確認することができたため，これを書籍として刊行することにした次第である。

　本書は，知識の解説をしたものではなく，また，具体的事例問題を掲載したものでもない。司法試験・予備試験の合格に必須の知識を定着させるための問題集である。すらすらと書けるようになるまで，繰り返し解き続けてほしい。

　本書の前身である問題集は，既にアガルートアカデミーの受講生が利用しており，多くの合格者を輩出している。読者諸賢にとっても，この問題集が，正確な知識の定着の一助となり，司法試験・予備試験の合格を勝ち取ることを切に願う。

2019年8月吉日

アガルートアカデミー

目　次

民　　法

本書の使い方

問題ランク
Ａは学習初期から必ず押さえてほしい基本的な問題を，Ｂはそれ以上のレベルの問題を表します。
1周目はＡだけを，2周目はＢを中心に問題を解いていくと学習を効率的に進められます。

【左側：問題】

チェックボックス
解き終わったらチェックして日付を記入しましょう。

問題文
基本・重要論点を順序立てて端的に問う内容となっています。

条文表記
(87Ⅰ)は87条1項を表し，(395Ⅰ②)は395条1項2号を表します。

通し番号
単元ごとの通し番号です。「今日は何番まで」等，目標設定にお役立てください。

アガルートの総合講義1問1答

□ ／
□ ／　13.　Ａ　抵当権の効力が及ぶ目的物の範囲について説明しなさ
□ ／　　　　　　　い。

□ ／
□ ／　14.　Ａ　「抵当権は，抵当地の上に存する建物を除き，その目的
□ ／　　　　　　　である不動産」「に付加して一体となっている物に及ぶ」
　　　　　　　　　（370本文）ところ，当該条文の趣旨について説明しなさい。

□ ／
□ ／　15.　Ａ　「抵当権は，抵当地の上に存する建物を除き，その目的
□ ／　　　　　　　である不動産」「に付加して一体となっている物に及ぶ」
　　　　　　　　　（370本文）ところ，「一体」の意義について説明しなさい。

□ ／
□ ／　16.　Ａ　「抵当権は，抵当地の上に存する建物を除き，その目的
□ ／　　　　　　　である不動産」「に付加して一体となっている物に及ぶ」
　　　　　　　　　（370本文）ところ，「付加して一体となっている物」に従
　　　　　　　　　物（87Ⅰ）が含まれるかについて説明しなさい。

□ ／
□ ／　17.　Ｂ　ＡはＢに対して貸金債権を有しており，これを被担保
□ ／　　　　　　　債権とする抵当権（369）をＢ所有建物に設定した場合，
　　　　　　　　　Ｂが有する借地権にも抵当権の効力が及ぶかについて説
　　　　　　　　　明しなさい。

□ ／
□ ／　18.　Ｂ　目的不動産に根付いた立木が，抵当権設定者によって
□ ／　　　　　　　伐採された後搬出され，第三者に譲渡された場合，当該
　　　　　　　　　立木に対し抵当権の効力が及ぶかについて説明しなさい。

64 問題

キーワードを赤文字化
答案で実際に書くことを想定して，特に覚えておきたいキーワードなどを赤文字にし，赤シートで隠してチェックすることができます。

【右側：解答】

民　法

13.　原則：その不動産（369）
　　　例外：付加一体物（370）＝不動産の構成部分（又は付合物）
　　　例外の例外：
　　　　①「権原」による場合（242ただし書）→ただし，対抗要件（明認方法）が必要。
　　　　②当事者の特約がある場合→これも，特約を登記しておく必要あり。
　　　　③詐害行為になるような場合。

14.　目的物の交換価値を高めて，抵当権者を保護することにある。

15.　物理的一体性のみならず，経済的一体性をも含む（370条説）。
　　　※370条の趣旨は，目的物の交換価値を高めて，抵当権者を保護することにある。

16.　Ａ　370条説（判例？最判昭44.3.28）＝「付加一体物」に従物を含むと考える。
　　　∵370条の趣旨は，目的物の交換価値を高めて，抵当権者を保護する点にあるため，「一体」とは，物理的一体性のみならず，経済的一体性をも含むと考えるべき。
　　　Ｂ　87条2項説
　　　　Ｂ1　87条2項説①＝抵当権の「設定」を「処分」とみる。
　　　　（批判）抵当権設定後に従物が設置された場合，効力が及ばないのでは？
　　　　Ｂ2　87条2項説②＝抵当権の「実行」を「処分」とみる。
　　　　（批判）「実行」を「処分」とみるのは，文理上無理がある。

17.　従たる権利にも抵当権の効力が及ぶことに争いはなく（最判昭40.5.4），法律構成としては370条類推と87条2項類推が考えられる。

18.　分離されても抵当権の効力は存続する（大判昭7.4.20）。
　　　∵①交換価値の維持。
　　　　②いったん効力が及んだ場合，失われるとする理由はない。

3　担保物権

解答
論文式試験で記載することになる知識をまとめた内容になっています。

学説
一般的に判例の立場と評されているものの，それに異を唱える有力な学説が存在している場合に「？」を付けています。

インデックス
現在学習中の部分が一目瞭然です。

民　　法

1 　民法総則

□ ／
□ ／　　1.　　**A**　　民法の三大原則について説明しなさい。
□ ／

□ ／
□ ／　　2.　　**A**　　私的自治の原則の定義について説明しなさい。
□ ／

□ ／
□ ／　　3.　　**A**　　私的自治の原則のあらわれである契約自由の原則につ
□ ／　　　　　　　　いて説明しなさい。

□ ／
□ ／　　4.　　**A**　　私的自治の原則のあらわれである過失責任の原則につ
□ ／　　　　　　　　いて説明しなさい。

□ ／
□ ／　　5.　　**B**　　Ｘは，温泉を経営するＹ会社が他人の土地2坪程をか
□ ／　　　　　　　　すめて引湯管を設けているのに目を付け，その土地を買
　　　　　　　　　　い受けてＹに不当に高額な価格での買取りを要求したが
　　　　　　　　　　拒否された。そこで，ＸがＹに対し引湯管の撤去を請求
　　　　　　　　　　した。Ｘの請求は認められるか。

□ ／
□ ／　　6.　　**A**　　権利能力の定義について説明しなさい。
□ ／

□ ／
□ ／　　7.　　**B**　　「私権の享有は，出生に始まる」（3Ⅰ）ところ，「出生」
□ ／　　　　　　　　の意義について説明しなさい。

□ ／
□ ／　　8.　　**B**　　胎児の権利能力を例外的に認めるのは，どのような場
□ ／　　　　　　　　面であるかについて説明しなさい。

1　民法総則

1.　①権利能力平等の原則
　　②所有権絶対の原則
　　③私的自治の原則

2.　「自分の思ったようになる」ということをいう。

3.　契約したい人だけが契約をすればよいし，契約の内容も自分で決められるという原則。

4.　自分に落ち度（過失）がある場合にだけ責任を負う原則。他人に影響されないことのあらわれである。

5.　権利の濫用（1Ⅲ）に当たり，認められない（大判昭10.10.5）。

6.　権利義務の帰属主体たる地位・能力をいう。

7.　「出生」とは，母体外に全身が出た時点である（全部露出説）。

8.　不法行為に基づく損害賠償請求（721），相続（886），遺贈（965）。

□	/	9.	B	例外的に胎児に権利能力を認める場合の理論構成について説明しなさい。
□	/			
□	/			

□	/	10.	A	意思能力の定義について説明しなさい。
□	/			
□	/			

□	/	11.	A	意思無能力者が行った行為の効力及びそれについて規定した条文番号を指摘しなさい。
□	/			
□	/			

□	/	12.	B	3条の2による無効は，取引の相手方から主張することができるか。
□	/			
□	/			

□	/	13.	A	行為能力の定義について説明しなさい。
□	/			
□	/			

□	/	14.	B	制限行為能力者の行った取引が取り消された場合，制限行為能力者はいかなる範囲で返還の義務を負うか説明しなさい。
□	/			
□	/			

□	/	15.	A	「制限行為能力者が行為能力者であることを信じさせるため詐術を用いたときは，その行為を取り消すことができない」(21) ところ，「詐術」の意義について説明しなさい。
□	/			
□	/			

□	/	16.	B	法が法人に対し，自然人でないにもかかわらず法人格を付与した（権利義務の主体となり得るとした）根拠をどう考えるべきかについて説明しなさい。
□	/			
□	/			

9. 停止条件説（大判昭7.10.6）＝胎児中には権利能力がなく，生きて生まれたときに，その権利能力が懐胎時又は不法行為時にまで遡って発生するという立場。解除条件説＝胎児中にも，生まれたものとみなされる範囲内において制限的な権利能力があり，生きて生まれなかった場合には遡って権利能力を失うと解する立場。

10. その法律行為をすることの意味を理解する能力をいう。

11. 意思無能力者の行為は無効となる（3の2）。

12. 3条の2は，意思無能力者の保護を目的とするものであるため，相対的無効であると解されている。そのため，取引の相手方から無効を主張することはできない。

13. 自らの行為により法律行為の効果を確定的に自己に帰属させる能力をいう。

14. 制限行為能力者は「現に利益を受けている限度」（現存利益）で返還すれば足りる（121の2Ⅲ，意思無能力者も同様）。

15. 制限行為能力者が単独で行為をする場合，制限行為能力者であることを黙秘するのは当然であるため，「詐術」とは，制限行為能力者が相手方に行為能力者たることを信ぜしめるための積極的手段を用いることをいい，黙秘しているだけでは足りず，他の言動と相まって相手方を誤信させる必要がある（最判昭44.2.13）。

16. 法人は重要な社会の構成要素であり，社会的実在であるため，法人格が存在するのは，当然の帰結である（法人実在説）。

□ ／ 　 **17.** Ⓑ 　「法人は，法令の規定に従い，定款その他の基本約款で
□ ／ 　 定められた目的の範囲内において，権利を有し，義務を
□ ／ 　 負う」（34）ところ，「目的の範囲内」とは，法人の何を
　　　　　 制限した規定なのかについて説明しなさい。

□ ／ 　 **18.** Ⓑ 　「法人は，法令の規定に従い，定款その他の基本約款で
□ ／ 　 定められた目的の範囲内において，権利を有し，義務を
□ ／ 　 負う」（34）ところ，「目的の範囲」か否かの判断方法に
　　　　　 ついて説明しなさい。

□ ／ 　 **19.** Ⓑ 　「法人は，法令の規定に従い，定款その他の基本約款で
□ ／ 　 定められた目的の範囲内において，権利を有し，義務を
□ ／ 　 負う」（34）ところ，「目的の範囲」外の行為の効力につ
　　　　　 いて説明しなさい。

□ ／ 　 **20.** Ⓑ 　「一般社団法人は，代表理事その他の代表者がその職務
□ ／ 　 を行うについて第三者に加えた損害を賠償する責任を負
□ ／ 　 う」（一般社団法人及び一般財団法人に関する法律78）と
　　　　　 ころ，当該条文と民法34条との関係について説明しなさ
　　　　　 い。

□ ／ 　 **21.** Ⓑ 　「一般社団法人は，代表理事その他の代表者がその職務
□ ／ 　 を行うについて第三者に加えた損害を賠償する責任を負
□ ／ 　 う」（一般社団法人及び一般財団法人に関する法律78）と
　　　　　 ころ，当該条文と法人の不法行為能力との関係について
　　　　　 説明しなさい。

□ ／ 　 **22.** Ⓑ 　「一般社団法人は，代表理事その他の代表者がその職務
□ ／ 　 を行うについて第三者に加えた損害を賠償する責任を負
□ ／ 　 う」（一般社団法人及び一般財団法人に関する法律78）と
　　　　　 ころ，当該条文と「代表理事その他の代表者」個人の責
　　　　　 任との関係について説明しなさい。

17. 権利能力制限説＝法人の権利能力を「目的の範囲」に制限した規定（最大判昭45.6.24など）。
　　代表権制限説＝理事の代表権を「目的の範囲」に制限した規定であり，権利能力の範囲には制限がない。
　　行為能力制限説＝法人の行為能力という概念（自然人における「行為能力」とは異なる→法律行為をする資格）を認め，行為能力の制限と考える立場。

18. 目的を遂行するのに直接又は間接に必要な行為を含み，必要性は，行為の客観的な性質に即し，抽象的に判断すべきである（最大判昭45.6.24）。

19. 権利能力制限説から＝絶対的に無効であって，追認，表見代理の適用はない（ただし，無効を主張することが信義則に反する場合がある）。
　　代表権制限説から＝無権代理無効であって，追認，表見代理の適用可能性あり。

20. 権利能力制限説から＝当該条文は特別に法人に不法行為に関する権利能力を認めた規定。
　　代表権制限説から＝報償責任の観点から，権限外の行為についても代表者の不法行為について法人に責任を負わせた規定。

21. 確認説（法人実在説から導きやすい）＝当該条文は法人自身の不法行為を確認し，その要件を定めたもの。
　　創設説（法人擬制説から導きやすい）＝政策的に法人の不法行為責任を創設したとする見解。

22. 確認説から＝法人の不法行為は法人自身の行為であるが，代表者個人の不法行為責任としての側面もある。
　　創設説から＝法人の不法行為責任の法的性質は代位責任であるため，代表者自身が責任を負うのは当然。

□ / □ / □ /	23.	B	「一般社団法人は，代表理事その他の代表者がその職務を行うについて第三者に加えた損害を賠償する責任を負う」（一般社団法人及び一般財団法人に関する法律78）ところ，「職務を行うについて」の意義について説明しなさい。
□ / □ / □ /	24.	B	一般社団法人及び一般財団法人に関する法律77条5項は法令による代表権の制限には適用されないと解されるところ，甲法人の理事乙が法令の規定に違反してA社と取引を行った事例において，一般社団法人及び一般財団法人に関する法律78条と民法110条の適用関係について説明しなさい。
□ / □ / □ /	25.	B	甲法人の理事乙が定款の規定に違反してA社と取引を行ったところ，A社は，定款の規定について善意であった事例において，一般社団法人及び一般財団法人に関する法律77条5項と民法110条の適用関係について説明しなさい。
□ / □ / □ /	26.	B	上記事例と異なり，A社は，定款の規定には悪意だが，内部的制限は解除されていると信じていた事例において，一般社団法人及び一般財団法人に関する法律77条5項と民法110条の適用関係について説明しなさい。
□ / □ / □ /	27.	A	権利能力なき社団（団体であって，その実体が社団であるにもかかわらず法人格を持たないもの）の成立要件について説明しなさい。
□ / □ / □ /	28.	B	権利能力なき社団（団体であって，その実体が社団であるにもかかわらず法人格を持たないもの）における財産権の帰属の態様について説明しなさい。
□ / □ / □ /	29.	B	権利能力なき社団（団体であって，その実体が社団であるにもかかわらず法人格を持たないもの）における債務と責任の帰属について説明しなさい。

1 民法総則

23. 　代表者の職務内容は外部から容易に知り得ないため，相手方保護の必要があることから，行為の外形上職務行為自体と認められるもの，及び社会通念上これと関連するものも含むが，相手方が当該業務が職務に属さないことについて悪意又は重過失である場合を除く（外形標準説）（大判大7.3.27，最判昭41.6.21）。

24. 　取引はなるべく有効にしたほうが望ましいため民法110条が優先的に適用される（民法110条優先適用説）。

25. 　一般社団法人及び一般財団法人に関する法律77条5項は，民法110条の特別規定であるから，一般社団法人及び一般財団法人に関する法律77条5項の適用によって善意の第三者は保護される。

26. 　定款の規定について悪意である以上，一般社団法人及び一般財団法人に関する法律77条5項の適用はない。しかし，内部的制限が解除されている（必要な手続が履践されている）と信じている場合には，その者を保護する必要がある。そこで，民法110条が類推適用される。

27. 　①団体としての組織を備え，
　②多数決の原則が行われ，
　③構成員の変更にかかわらず団体そのものが存続し，
　④その組織において代表の方法，総会の運営，財産の管理その他団体としての主要な点が確定していることが必要である（最判昭39.10.15）。

28. 　社団の構成員に総有的に帰属する（最判昭48.10.9）。

29. 　社団財産のみが債務の引当てとなり，構成員は責任を負わない（最判昭48.10.9）。

□ / □ / □ /	**30.**	**A**	従物の意義について説明しなさい。

□ / □ / □ /	**31.**	**A**	従物（87 I）の要件について説明しなさい。

□ / □ / □ /	**32.**	**A**	「従物は，主物の処分に従う」（87 II）とされることの趣旨について説明しなさい。

□ / □ / □ /	**33.**	**B**	BがAから賃借している土地の上に自ら建物を有していたが，これをCに売却した事例において，土地の賃借権はCに移転するかについて説明しなさい。

□ / □ / □ /	**34.**	**A**	賭博資金に充てるために借金をした事例のように，契約内容自体に不法（公序良俗（90）違反）はなく，動機に不法がある場合，契約を無効とすべきかについて説明しなさい。

□ / □ / □ /	**35.**	**A**	心裡留保の意義について説明しなさい。

□ / □ / □ /	**36.**	**A**	心裡留保の要件について説明しなさい。

□ / □ / □ /	**37.**	**A**	心裡留保の効果について説明しなさい。

30.　独立の物でありながら，客観的・経済的には他の物（主物）に従属してその効用を助ける物（87Ⅰ）。

31.　①継続的に主物の効用を助けること，
②主物に付属すると認められる程度の場所的関係にあること，
③主物と同一の所有者に属すること，
④独立性を有することである。

32.　①従物は主物の処分に従うというのが，当事者の合理的意思であるし（当事者の合理的意思），
②従物が主物の効用を助けるという点で，従物は主物の処分に従うとした方が，社会経済上利益であるため（社会経済上の利益）。

33.　87条2項の趣旨（①当事者の合理的意思と②社会経済上の利益）が当てはまるため，賃借権は87条2項類推適用によりCに移転する（最判昭47.3.9）。

34.　動機は外部から知り得ない。また，契約内容自体は適法である。したがって，原則として，公序良俗違反はない。しかし，不法な動機が相手方に表示された場合は相手方を保護すべき理由がない。したがって，不法な動機が相手方に表示され，契約内容となった場合，例外的に，当該法律行為を無効とすべきである（大判大9.5.28，大判昭13.3.30参照）。

35.　表意者が表示行為に対応する真意のないことを知りながらする，単独の意思表示。

36.　①真意ではないこと（表示に対応する効果意思が存在しないこと），
②表意者が①のことを知っていること。

37.　原則：有効（93Ⅰ本文）
例外：相手方が行為の当時，その意思表示が表意者の真意ではないことについて，悪意又は有過失のときは無効（93Ⅰただし書）

□ / □ / □ /	**38.**	**A**	心裡留保であっても,「相手方がその意思表示が表意者の真意ではないことを知り, 又は知ることができたときは, その意思表示は, 無効とする」(93 I ただし書) とされるものの,「善意の第三者に対抗することができない」(93 II) とされることの趣旨について説明しなさい。
□ / □ / □ /	**39.**	**A**	通謀虚偽表示による無効 (94 I) が認められるための要件について説明しなさい。
□ / □ / □ /	**40.**	**A**	通謀虚偽表示の効果について説明しなさい。
□ / □ / □ /	**41.**	**A**	通謀虚偽表示による「意思表示の無効は, 善意の第三者に対抗することができない」(94 II) ことの趣旨について説明しなさい。
□ / □ / □ /	**42.**	**A**	通謀虚偽表示による「意思表示の無効は, 善意の第三者に対抗することができない」(94 II) ところ,「第三者」の意義について説明しなさい。
□ / □ / □ /	**43.**	**A**	通謀虚偽表示による「意思表示の無効は, 善意の第三者に対抗することができない」(94 II) ところ,「第三者」に転得者は含まれるかについて説明しなさい。
□ / □ / □ /	**44.**	**A**	通謀虚偽表示による「意思表示の無効は, 善意の第三者に対抗することができない」(94 II) ところ, 善意者が介在した後の悪意の転得者の取扱いについて説明しなさい。
□ / □ / □ /	**45.**	**A**	通謀虚偽表示による「意思表示の無効は, 善意の第三者に対抗することができない」(94 II) ところ,「善意」につき無過失であることを要するかについて説明しなさい。

38.　　表意者には真意に基づかない意思表示をしたという点に**責められる**べき事情があるため，一定の要件のもとで心裡留保による**意思表示**を信頼した**第三者**を保護しようとするもの。

39.　　①表示に対応する効果意思が存在しないこと，
　　②表意者が①のことを**知っている**こと，
　　③真意と異なる表示をすることについて相手方と**通謀**することである。

40.　　原則：**無効**（94 Ⅰ）
　　例外：**善意の第三者**に対しては，その意思表示の無効を**対抗**することができない
　　　　（94 Ⅱ）

41.　　表示行為の外形を信頼した第三者の**利益保護**（取引の安全）にある。

42.　　①当事者及び包括承継人以外の者で，
　　②**虚偽表示**による法律行為の存在を前提として，
　　③**新たに**，
　　④独立の法的利害関係を有するに至った者をいう。

43.　　転得者も行為の外形を信頼することはあり得るため，「第三者」に**含まれる**（最判昭45.7.24）。

44.　　①善意者を**債務不履行責任**（415）から逃れさせる必要があるし，②法律関係の**早期安定**の要請があるため，悪意の転得者は善意者の地位を**承継**する（大判昭6.10.24）。
　　ただし，悪意者が**作為的**に善意者を介在させた場合には保護されないと解するのが一般的である。

45.　　①**条文上**，無過失は要求されていないこと，②虚偽表示をした本人と第三者の**利益衡量**から，無過失であることは要しない（大判昭12.8.10）。

☐ / ＿＿ ☐ / ＿＿ ☐ / ＿＿	**46.**	**A**	通謀虚偽表示による「意思表示の無効は，善意の第三者に対抗することができない」（94Ⅱ）ところ，「第三者」は登記を備える必要があるかについて説明しなさい。
☐ / ＿＿ ☐ / ＿＿ ☐ / ＿＿	**47.**	**B**	AがBに土地を仮装譲渡した後，Bは善意のCに同土地を転売した。一方，AはBC間の売買の後Dに土地を譲渡した。なお，登記はBの下にある。この事例におけるCとDの優劣関係について説明しなさい。
☐ / ＿＿ ☐ / ＿＿ ☐ / ＿＿	**48.**	**B**	AB間の虚偽表示によってB所有のような外観を有している土地を，BがC及びDに二重に譲渡した事例におけるCDの優劣関係について説明しなさい。
☐ / ＿＿ ☐ / ＿＿ ☐ / ＿＿	**49.**	**A**	権利外観法理の定義について説明しなさい。
☐ / ＿＿ ☐ / ＿＿ ☐ / ＿＿	**50.**	**A**	Aが強制執行逃れのために土地の登記名義をBの下に移していたところ，Bが勝手にCに譲渡した事例におけるCを保護するための法律構成について説明しなさい。
☐ / ＿＿ ☐ / ＿＿ ☐ / ＿＿	**51.**	**A**	94条2項類推適用の要件について説明しなさい。
☐ / ＿＿ ☐ / ＿＿ ☐ / ＿＿	**52.**	**B**	権利者Aが，Bの承諾を得ずに不実の登記を作出したところ，Bが勝手にCに処分した事例において，94条2項類推適用の要件のうち，③外観への信頼について，無過失まで要するかについて説明しなさい。
☐ / ＿＿ ☐ / ＿＿ ☐ / ＿＿	**53.**	**B**	Bは，権利者Aの不動産の登記を勝手にB名義にした上，Cに譲渡し登記を移転していたが，Aは，Bが勝手に登記名義を移したことを知りながら，長期間登記を抹消せずに放置していた事例において，94条2項類推適用の要件のうち，③外観への信頼について，無過失まで要するかについて説明しなさい。

46. ①本人と第三者は前主後主の関係に立つこと，②本人と第三者の利益衡量から「第三者」は登記を備える必要はない（大判昭10.5.31，最判昭44.5.27）。

47. 判例（最判昭42.10.31）＝対抗問題と捉える（先に登記を備えた方が優先する）。
　　∵A→C，A→Dの二重譲渡が行われたのと類似の法律関係である。
　　学説＝Cが優先する。
　　∵DはBに対抗できない立場にあり，Bの地位をCが承継すると考える。

48. 対抗問題（177）と捉え先に登記を備えた方が優先する。

49. 虚偽の外観作出について責められるべき事情がある者に外形通りの責任を負わせることによって，これを信じて取引をした者の保護を図る理論をいう。

50. 94条2項類推適用（最判昭41.3.18等）。
　　∵94条2項の趣旨（権利外観法理）が妥当する。

51. ①虚偽の外観の存在，
　　②真の権利者の帰責性，
　　③外観への信頼があることが必要であると解する。

52. 94条直接適用の場面と同視できるほど本人の帰責性が大きいため，無過失まで要しない（意思外形対応型　本人が積極的に関与するケース）。

53. 94条直接適用の場面と同視できるほど本人の帰責性が大きいため，無過失まで要しない（意思外形対応型　本人が承認したケース）。

□ /	54.	**B**	真実の権利者Aの意思に基づいて第一の外形（仮登記）が作られた後，名義人Bの行為により第二の外形（本登記）が作られ，その外形に基づいてBがCに処分したが，第二の外観を作出することについてはAの承諾がない事例において，94条2項類推適用の要件のうち，③外観への信頼について，無過失まで要するかについて説明しなさい。

□ /	55.	**B**	権利者Aが自ら外観を作出したり，第三者が作出した外観を承認する意思を有していたり，といった事情はなかったものの，①AがBに対して登記済証，印鑑登録証明書を交付し，そして，②Bに言われるがままにAからBへ本件不動産を売り渡す旨の売買契約書に署名押印を行い，さらに，③Bへ実印を渡し，BがAの面前で本件不動産の登記申請書に押印するのを漫然と見ていた，といった事情がある事例において，94条2項類推適用の要件のうち，③外観への信頼について，無過失まで要するかについて説明しなさい。

□ /	56.	**A**	錯誤取消し（95Ⅰ柱書）が認められるための要件について説明しなさい。

□ /	57.	**B**	錯誤取消し（95Ⅰ柱書）が抗弁として主張された場合の要件事実（これに対する再抗弁等を含む）について説明しなさい。

□ /	58.	**A**	「詐欺」（96Ⅰ）の意義について説明しなさい。

□ /	59.	**A**	「強迫」（96Ⅰ）の意義について説明しなさい。

54. 　94条直接適用の場面と同視できるほど本人の帰責性が大きくないため，94条 2 項，110条の法意により無過失まで要求する（最判昭43.10.17）（意思外形非対応型）。

55. 　94条直接適用の場面と同視できるほど本人の帰責性が大きくないため，94条 2 項，110条の類推適用により，無過失まで要求する（最判平18.2.23）。

56. ① 「錯誤」があること，
② 「意思表示」が「錯誤に基づくものであって，……法律行為の目的及び取引上の社会通念に照らして重要」であること（95 I 柱書），
③ 「錯誤が表意者の重大な過失によるもの」でないこと（95 III）。ただし，「相手方が表意者に錯誤があることを知り，又は重大な過失によって知らなかったとき」（95 III ①），「相手方が表意者と同一の錯誤に陥っていたとき」（95 III ②，共通錯誤）を除く。

57. 　当該意思表示に錯誤があること，錯誤が重要であることが抗弁となり，重過失が再抗弁となる。これに対して，相手方の悪意又は重過失，共通錯誤であることが再々抗弁となる。

58. 　人を欺罔して錯誤に陥らせる行為をいう。

59. 　他人に畏怖を与え，かつその畏怖によって意思を決定，表示させようとして害悪を告知する等の行為をいう。

□ /	**60.**	**A**	詐欺取消し，強迫取消し（96Ⅰ）が認められるための要件について説明しなさい。

□ /
□ /

□ /	**61.**	**A**	詐欺取消し（96ⅠⅡ）は，「善意でかつ過失がない第三者に対抗することができない」（96Ⅲ）とされる趣旨について説明しなさい。

□ /
□ /

□ /	**62.**	**A**	詐欺取消し（96ⅠⅡ）は，「善意でかつ過失がない第三者に対抗することができない」（96Ⅲ）ところ，「第三者」の意義について説明しなさい。

□ /
□ /

□ /	**63.**	**B**	詐欺取消し後の第三者との関係の法律構成について説明しなさい。

□ /
□ /

□ /	**64.**	**B**	詐欺取消し（96ⅠⅡ）は，「善意でかつ過失がない第三者に対抗することができない」（96Ⅲ）ところ，「第三者」は登記を備える必要があるかについて説明しなさい。

□ /
□ /

□ /	**65.**	**A**	有権代理の要件について説明しなさい。

□ /
□ /

□ /	**66.**	**B**	有権代理の要件事実について説明しなさい。

□ /
□ /

60. ①故意（錯誤に陥らせる，畏怖させる＋意思表示をさせる），
②詐欺行為・強迫行為があること，
③違法性，
④詐欺行為・強迫行為によって相手方が錯誤に陥り（畏怖し），意思表示をしたことである。

61. 取消しの遡及効（121）を制限することによって，これによって特に害される第三者を保護しようとするものである。

62. ①当事者及び包括承継人以外の者で，
②詐欺による法律行為に基づいて取得された権利について，
③新たに，
④独立の法律上の利害関係に入った者，すなわち，取消し前の第三者をいう。

63. 判例（大判昭17.9.30）＝対抗問題（177）として処理。
　∵①取消しの遡及効は法的な擬制にすぎないため，取消しによって復帰的物権変動が観念でき，相手方を中心とした二重譲渡類似の関係にある。
　　②取消し後は可及的速やかに登記を戻すべき。
学説＝94条2項類推適用で処理。
　∵①判例の立場では悪意者も登記を備えれば保護されてしまう。
　　②無権利者から権利を譲り受けたケースである。

64. 不要説（判例？最判昭49.9.26）＝登記を備える必要はない。
　∵取消権者と第三者は前主後主の関係にある。
必要説＝権利保護要件としての登記を要求すべき。

65. ①有効な法律行為の存在，
②代理権の存在（かつ代理権の範囲内の行為）（99Ⅰ），
③顕名（99Ⅰ）である。

66. ①代理人・相手方間の契約締結（法律行為），
②代理人の顕名，
③本人の代理人に対する先立つ代理権授与が必要である。

□ /	67.	**A**	代理における法律関係の主体は誰かについて説明しなさい。

□ /	68.	**A**	代理人が法律行為を行っているにもかかわらず，その効果が本人に帰属することの根拠について説明しなさい。

□ /	69.	**B**	本人Aが，Cに保証契約をする意思を伝えるよう使者（本人の決定した効果意思を相手方に表示し（表示機関），又は完成した意思表示を伝達する者（伝達機関））Bに命じたが，Bは，消費貸借契約を締結してきた。この事例において，意思と表示の間に不一致があるから，重過失ない限り錯誤取消しの主張が可能（95）ではあるが，相手方保護の法律構成について説明しなさい。

□ /	70.	**A**	代理権授与行為に独自性が認められるかについて説明しなさい。

□ /	71.	**A**	独自性の認められる代理権授与行為の法的性質について説明しなさい。

67.　代理人である（代理人行為説）。
　　∵①「代理人が……した意思表示は」（99Ⅰ）と意思表示の瑕疵「……の事実
　　　　の有無は，代理人について決する」（101ⅠⅡ）の文言。
　　　②法律行為の主体が本人である（本人行為説）とすると，法定代理の説明が
　　　　つかない。
　　　③法律行為の主体が本人である（本人行為説）とすると，使者と代理の区別
　　　　が不明。

68.　代理権本質説＝代理権の授与行為に他人効の根拠があるとする。
　　∵代理制度が私的自治の拡張機能を有する。
　　顕名本質説＝代理の他人効の根拠を代理人の代理意思とその表示に求める。

69.　110条類推適用。
　　∵Bが代理人である場合との均衡（Bが代理人であれば，110の適用がある）。

70.　独自性肯定説
　　∵①委任契約等があって，代理権の授与がない場合もあり得る。
　　　②委任契約等はあくまで本人代理人間の契約関係であり，授権行為は代理人
　　　　が相手方と行った契約の効果を本人に帰属させる根拠を与えるものである
　　　　から，両者は性質が異なる。
　　独自性否定説（事務処理契約説）
　　∵当事者の合理的意思解釈。

71.　単独行為説＝本人による単独行為より発生する（この立場からは，事務処理契約
　　　と授権行為は無因であるとされるのが一般）。
　　∵代理人には何の不利益もない。
　　無名契約説＝民法に定めのない（典型契約ではない）無名契約と解すべき（事務
　　　処理契約と授権行為は有因であるとされる）。
　　∵当事者双方の合意によって代理権の授与が行われるべき。

□ /	72.	B	本人Aは未成年者であることを理由に事務処理契約（又は代理権授与行為）を取り消した。上記事例において，無名契約説を前提とする場合，事務処理契約を取り消した場合は代理権授与行為も消滅し，代理権も消滅する。また，代理権授与行為を取り消した場合は，当然代理権は消滅する。では，相手方の保護をどのように考えるべきか説明しなさい。

□ /	73.	B	代理人Bは未成年者であることを理由に事務処理契約（又は代理権授与行為）を取り消した。上記事例における代理行為の効力について説明しなさい。

□ /	74.	B	直接本人名による顕名の効力について説明しなさい。

□ /	75.	B	相手方Cが代理人Bを詐欺したところ，本人Aが代理人Bの錯誤につき悪意の場合の処理について説明しなさい。

□ /	76.	B	代理人Bが相手方Cを詐欺した場合（その結果，相手方が代理人に対して意思表示をした場合）の処理について説明しなさい。

72.　112条1項本文は代理権が遡及的に消滅した場合でも適用されるべきであるため，同項本文を類推適用して相手方の保護を図る。

73.　単独行為説から
①事務処理契約を取り消した場合は，影響なし。
②代理権授与行為を取り消した場合→代理権授与行為の取消しは不可能。
　∵ⓐ（①について）事務処理契約と代理権授与行為は無因である。
　　ⓑ（②について）単独行為である。
無名契約説から（事務処理契約説からも，代理行為が遡って無効となる）
①事務処理契約を取り消した場合，有因であることから代理行為も遡って無効となる。
②代理権授与行為を取り消した場合，代理行為は遡って無効となる。
　もっとも，遡及効を否定し，将来効と構成するべき（代理人Bが行った代理行為の効力は有効に存続する）。
　∵遡及効を貫くと，相手方が害される。一方，将来効としても代理人に不利益はない。

74.　代理権本質説（代理の他人効の本質は本人の意思にある）からすれば，顕名は効果の帰属先を明らかにする意味しかない（相手方の保護のための要件）ため，直接本人名による顕名も有効である（大判大4.10.30，大判大9.4.27など）。

75.　通説＝原則として，意思表示の瑕疵の有無は，代理人について判断する（101Ⅰ）が，本人が代理人をコントロールする可能性がある場合には，101条3項の拡張適用を認めるため，Aは詐欺取消しを主張できない。
　∵①代理人が詐欺されている以上，本人は詐欺取消しを主張できることになるが，詐欺の事実を知っている本人を保護する必要はない。
　　②本人は詐欺の事実を知っている以上，代理人をコントロールし得る立場にある。

76.　相手方は96条1項により取り消し得る。→第三者の詐欺（96Ⅱ）ではない。
　∵①相手方は，代理人に対して意思表示をするのであり，代理人は，「第三者」とはいえない。
　　②代理行為の結果成立する法律行為は本人のものであり，本人がその当事者である。

☐ ／ ☐ ／ ☐ ／	**77.** Ⓑ	相手方Ｃが本人Ａを詐欺した場合（その結果，本人が代理権を代理人に与えた場合）の処理について説明しなさい。
☐ ／ ☐ ／ ☐ ／	**78.** Ⓑ	本人Ａが相手方Ｃを詐欺した場合（その結果，相手方が代理人に対して法律行為をした場合）の処理について説明しなさい。
☐ ／ ☐ ／ ☐ ／	**79.** Ⓑ	本人Ａが代理人Ｂを詐欺した場合の処理について説明しなさい。
☐ ／ ☐ ／ ☐ ／	**80.** Ⓑ	代理人Ｂが本人Ａを詐欺した場合の処理について説明しなさい。
☐ ／ ☐ ／ ☐ ／	**81.** Ⓐ	代理権の濫用の意義と効果について説明しなさい。
☐ ／ ☐ ／ ☐ ／	**82.** Ⓑ	本人Ａの代理人Ｂが相手方Ｃとの間で代理行為をしたものの，それは代理権の濫用であった。上記事例において，Ｃから権利を取得した転得者Ｄの保護を図る法律構成について説明しなさい。
☐ ／ ☐ ／ ☐ ／	**83.** Ⓐ	無権代理人の責任が認められるための要件について説明しなさい。
☐ ／ ☐ ／ ☐ ／	**84.** Ⓐ	無権代理人の責任が認められるための要件のうち，「過失」の程度について説明しなさい。

77.　第三者の詐欺ではない（本人は無制限に取り消せる）。
　　　∵①代理人は代理権を取り消されても不都合はない。
　　　　②本人保護の必要性。

78.　第三者の詐欺ではない（相手方は無制限に取り消せる）。
　　　∵①代理人保護の必要性はない。
　　　　②相手方保護の必要性。
　　　　③本人は法律行為の効果帰属先であって，「第三者」とはいえない。

79.　①事務処理契約を取り消した場合，有因であることから代理行為も遡って無効となる。
　　　②代理権授与行為を取り消した場合，代理行為は遡って無効となる。もっとも，遡及効を否定し，将来効と構成する。つまり，代理人Ｂが行った代理行為の効力は有効に存続する（無名契約説より）。

80.　112条類推適用。
　　　∵112条は代理権が遡及的に消滅した場合でも適用されるべきである。

81.　意義：代理人が自己又は第三者の利益を図る目的で代理権の範囲内の行為をすること。
　　　効果：原則として，代理行為の効果が本人に帰属するが，「代理人が自己又は第三者の利益を図る目的」について相手方が悪意又は有過失の場合には，無権代理とみなされる（107）。

82.　94条2項類推適用又は即時取得（192）による。

83.　①代理権がないこと，本人の追認がないこと（117Ⅰ），
　　　②無権代理人が行為能力者であること（117Ⅱ③），
　　　③相手方の善意無過失（117Ⅱ①②）。
　　　　ただし，無権代理人が無権代理の事実について悪意の場合には，相手方に過失があっても無権代理人の責任を否定されない（117Ⅱ②ただし書）。

84.　117条2項2号本文の「過失」には，軽過失も含む。
　　　∵①条文上，特に限定がない。
　　　　②表見代理と無権代理人の責任は選択的である。「重過失」に限定する必要なし。

□ □ □	/ / /	85.	**B** 無権代理人の責任の要件事実（これに対する抗弁等を含む）について説明しなさい。

□ □ □	/ / /	86.	**A** 表見代理と無権代理の関係について説明しなさい。

□ □ □	/ / /	87.	**A** 本人と無権代理人の地位が同一人に帰属したことによって，その地位はどのような関係に立つのか。

□ □ □	/ / /	88.	**B** 父Aの土地を，息子Bが勝手にAの代理人としてCに売却した後，Aが死亡しBが相続した。この場合，無権代理人Bは，本人Aの地位で追認を拒絶できるかについて説明しなさい。

□ □ □	/ / /	89.	**B** 上記事例において，本人が追認拒絶してから死亡した場合，無権代理人Bは追認拒絶をすることができるかについて説明しなさい。

□ □ □	/ / /	90.	**B** 父Aの土地を，息子Bが勝手にAの代理人としてCに売却した後，Bが死亡しAが相続した。この場合，本人Aは追認拒絶できるかについて説明しなさい。

□ □ □	/ / /	91.	**B** 上記事例において，本人Aが無権代理の責任を追及された場合，Aは履行の責任を負うかについて説明しなさい。

85.　請求原因として，原告（相手方）と被告（無権代理人）の間の契約締結，顕名（損害賠償の場合は，損害の発生及び額）が必要である。抗弁として，無権代理人が，代理権の発生原因事実又は追認，相手方の悪意・有過失，無権代理人が制限行為能力者であったことの立証責任を負担する。有過失の抗弁に対しては，代理権の不存在についての無権代理人の悪意が再抗弁となる。

86.　選択説（最判昭62.7.7）＝表見代理の主張は抗弁とはならない。
　　　∵①表見代理を優先して適用すべきとすると，無権代理人が責任逃れのために
　　　　　表見代理の成立を主張することが考えられる。
　　　　②表見代理の立証は一般には容易でない。

87.　地位併存説（通説）＝本人の地位と無権代理人の地位は併存する。
　　　∵①相続という事情で偶然に相手方が利する結果は妥当でない。
　　　　②本人が無権代理人を相続した場合，当然に追認したこととなるのは不当。

88.　当然に追認したことになるわけではないが，信義則（1Ⅱ）に反するため，本人の地位をもって追認拒絶できない（併存説から）。

89.　無権代理人であっても追認拒絶が可能となる（最判平10.7.17）。
　　　∵追認拒絶によって法律関係が確定し，相続人はその地位を承継する。

90.　本人の地位をもって追認拒絶をすることができるが（最判昭37.4.20），相手方が善意・無過失である限り無権代理人の責任は負う。

91.　履行の責任は負わない（損害賠償責任のみ負う）。
　　　∵追認拒絶ができるとした意味を失わせるべきではない。

☐ / ☐ / ☐ /	**92.**	**B**	父Aの土地を息子Bが勝手にAの代理人としてCに売却した後，Aが死亡しBDが共同相続した。上記事例の処理について説明しなさい。

☐ / ☐ / ☐ /	**93.**	**B**	Aの息子Bが，代理権がないのにAの代理人としてA所有の土地を売却した。その後Bが死亡したため，AとAの妻Cが相続したが，更にAも死亡したため，CがAを単独相続した。上記事例の処理について説明しなさい。

☐ / ☐ / ☐ /	**94.**	**B**	Aの息子Bが，代理権がないのにAの代理人としてA所有の土地を売却した。その後Aが死亡したため，BとAの妻Cが相続したが，更にBも死亡したため，CがBを単独相続した。上記事例の処理について説明しなさい。

☐ / ☐ / ☐ /	**95.**	**B**	Xは，精神障害のあるYの身の回りの世話をしていた者であるが，その後Yが家庭裁判所より後見開始の審判を受けた際，後見人に就任した。Xは後見人に就任する以前，権限なくYを代理して，Y所有の甲建物をZに売却していた。上記事例における代理行為の処理について説明しなさい。

☐ / ☐ / ☐ /	**96.**	**A**	民法が規定する表見代理の種類について説明しなさい。

☐ / ☐ / ☐ /	**97.**	**A**	表見代理の意義について説明しなさい。

92. 　共同相続人全員が共同して追認しない限り，無権代理人たる相続人の相続分について当然に追認したことにはならない（最判平5.1.21）。
　　　共同相続人全員が共同して追認しない限り，無権代理人たる相続人の相続分について当然に追認したことにはならないため，当然にＢの相続分について追認強制させられることはない（最判平5.1.21）。
　　　∵①追認権は，その性質上共同相続人全員に不可分に帰属しており，その一部を分割して行使できるものではない。
　　　　②法律関係が複雑になる。

93. 　無権代理人が本人を相続した場合と同様に処理する（最判昭63.3.1）。
　　　∵相続の効果は包括承継（896本文）であるところ，相続人が無権代理人と本人の地位を順次相続していることに着目すれば，無権代理人が本人を相続した場合と同視できる。

94. 　本人が無権代理人を相続した場合と同様に処理する。
　　　∵相続の効果は包括承継（896本文）であるところ，相続人が本人と無権代理人の地位を順次相続していることに着目すれば，本人が無権代理人を相続した場合と同視できる。

95. 　後見人に就任した者が直接の当事者ではなかった事案について（最判平6.9.13）＝その時点における被後見人の置かれた諸般の状況を考慮した上，被後見人の利益に合致するよう適切な裁量を行使してすることが要請される。
　　　∵①追認拒絶が許されないとすることで不利益を被るのは，無権代理人（後見人）ではなく被後見人である。
　　　　②後見人は，被後見人との関係においては，専らその利益のために善良な管理者の注意をもって代理権を行使する義務を負う（869，644）。
　　　　③後見人において取引の安全等相手方の利益にも相応の配慮を払うべきことは当然。

96. 　代理権授与表示による表見代理（109Ⅰ），権限外の行為の表見代理（110），代理権消滅後の表見代理（112Ⅰ）。

97. 　本来は無権代理行為であるものにつき，無権代理人を真実の代理人であると誤信して取引した場合には，当該無権代理行為を有権代理と同様に本人に対して効力を生じさせる制度。

□ ／ □ ／ □ ／	**98.**	**A**	表見代理が成立する場合の効果について説明しなさい。

□ ／ □ ／ □ ／	**99.**	**B**	表見代理における「第三者」の意義について説明しなさい。

□ ／ □ ／ □ ／	**100.**	**A**	代理権授与表示による表見代理が成立するための要件を説明しなさい。

□ ／ □ ／ □ ／	**101.**	**B**	白紙委任状が用いられた場合の代理関係の処理について説明しなさい。

□ ／ □ ／ □ ／	**102.**	**B**	代理権授与表示による表見代理（109Ⅰ）の要件事実について説明しなさい。

□ ／ □ ／ □ ／	**103.**	**A**	権限外の行為の表見代理（110）が成立するための要件について説明しなさい。

□ ／ □ ／ □ ／	**104.**	**B**	BがA所有の不動産をAの名でCに売り渡したような場合，110条の類推適用は認められるか。

98. 　本人に効果帰属する（有権代理と同様の結果）。

99. 　「第三者」とは直接の相手方に限られる。
　　∵転得者が代理人の権限を信頼することはあり得ない。

100. ①「他人に代理権を与えた旨を表示」したこと，
②代理権を授与された旨表示された人が，表示を受けた相手方と，表示された「代理権の範囲内」で代理行為をしたこと，
③代理権が与えられていないことについて相手方が善意無過失であること（109Ⅰただし書）である。

101. 　1　転々流通型（正当な取得者であれば誰が代理してもよいという趣旨で複数人に次々と移転されることを想定して交付される場合）
　　(1)　代理権の範囲内で代理行為が行われた場合有権代理となる。
　　(2)　委任事項の範囲を超えて行為が行われた場合109条における授権表示が認められる。
　　2　非転々流通型（特定の者に代理権が授与され，その者に代理に際して利用させるために交付される場合）
　　(1)　直接の受領者が当該白紙委任状を補充して代理行為をした場合（直接型）109条における授権表示が認められる。
　　(2)　白紙委任状の転得者による場合（間接型）
　　　　非委任事項濫用型の場合には授権表示が認められ，委任事項濫用型の場合には，授権表示は認められない。

102. 　請求原因として，①代理行為の存在，②顕名，③①に先立ち，本人が相手方に対し，代理権を授与した旨を表示したことが必要であり，悪意有過失は抗弁に回る。

103. ①代理人に基本代理権（「その権限」）があること，
②代理人が「その権限外の行為」をしたこと，
③「第三者」が代理権の存在について信じ（善意），そう信じるにつき「正当な理由」があることである。

104. 　相手方がその行為を本人自身の行為であると信じたことについて正当な理由があれば，110条の類推適用がある（最判昭44.12.19）。

□ /___ □ /___ □ /___	105. **B**	権限外の行為の表見代理（110）が成立するための要件のうち，基本代理権との関係で，印鑑証明書下付申請の代理権や登記手続の代理権のような公法上の代理権は基本代理権となり得るかについて説明しなさい。
□ /___ □ /___ □ /___	106. **B**	権限外の行為の表見代理（110）が成立するための要件のうち，基本代理権との関係で，金融商品の投資勧誘をする権限のような事実行為の代行権限は基本代理権となり得るかについて説明しなさい。
□ /___ □ /___ □ /___	107. **A**	権限外の行為の表見代理（110）が成立するための要件のうち，「正当な理由」の意義について説明しなさい。
□ /___ □ /___ □ /___	108. **B**	「夫婦の一方が日常の家事に関して第三者と法律行為をしたときは，他の一方は，これによって生じた債務について，連帯してその責任を負う」（761本文）ところ，「日常の家事に関」する法律行為の意義について説明しなさい。
□ /___ □ /___ □ /___	109. **B**	権限外の行為の表見代理（110）が成立するための要件のうち，基本代理権との関係で，日常家事代理権（761）のような法定代理権は，基本代理権となり得るかについて説明しなさい。
□ /___ □ /___ □ /___	110. **B**	権限外の行為の表見代理（110）が成立するための要件のうち，「第三者」が代理権の存在について信じ（善意），そう信じるにつき「正当な理由」があることと日常家事代理権（761）との関係について説明しなさい。
□ /___ □ /___ □ /___	111. **A**	代理権消滅後の表見代理（112Ⅰ）が成立するための要件について説明しなさい。

105.　原則としては基本代理権にならないが，公法上の行為が特定の私法取引の一環としてなされるものであるときは基本代理権になる（最判昭46.6.3）。

∵①公法上の代理権は，私法取引の安全とは関わりがなく，原則として基本代理権足り得ない（最判昭39.4.2）。

②公法上の行為であっても，特定の私法上の取引行為の一環としてされるものであるときは，外観に対する第三者の信頼を保護する必要がある。

106.　否定説（最判昭34.7.24，最判昭35.2.19）

∵代理は法律行為に関する制度であるため，基本権限も法律行為に関する代理権でなければならない。

107.　善意無過失説（最判昭35.12.27，最判昭44.6.24）

総合考慮説＝本人を保護するべき事情と相手方を保護するべき事情の一切を総合的に判断して，本人を保護するべきか，相手方を保護するべきかを決すべきである。

108.　夫婦が共同生活を営む上において通常必要な法律行為をいい，当該夫婦の社会的地位，職業，資産，収入等により個別具体的に決すべきだが，夫婦の内部的事情やその行為の個別的な目的のみを重視せず，法律行為の種類，性質から客観的に判断する。

109.　肯定説（最判昭44.12.18）

∵①条文上限定がない。

②相手方保護の必要性。

110.　110条の趣旨を類推し，「当該夫婦の日常家事の範囲内にある」ことにつき，善意・無過失（「正当な理由」があること）を要求する。

∵問題の行為が代理権を逸脱する程度を問題にしなければ，日常家事を超える重大な行為にも表見代理が成立し，夫婦別産制（762）を害する。

111.　①かつては存在した「代理権」が，行為の時には「消滅」していたこと，

②かつての「代理権の範囲内」で代理行為を行ったこと，

③「代理権の消滅の事実」につき，相手方が善意・無過失であることである。

| | | 112. | **A** | 代理権授与表示がされた権限の範囲を超えた代理行為がなされた場合の処理について説明しなさい。 |

□ ___/___
□ ___/___
□ ___/___

112. **A** 代理権授与表示がされた権限の範囲を超えた代理行為がなされた場合の処理について説明しなさい。

□ ___/___
□ ___/___
□ ___/___

113. **A** 代理権消滅後に権限の範囲を超えた代理行為がなされた場合の処理について説明しなさい。

□ ___/___
□ ___/___
□ ___/___

114. **A** 停止条件の意義について説明しなさい。

□ ___/___
□ ___/___
□ ___/___

115. **A** 解除条件の意義について説明しなさい。

□ ___/___
□ ___/___
□ ___/___

116. **A** 時効の制度趣旨について説明しなさい。

□ ___/___
□ ___/___
□ ___/___

117. **A** 時効完成の要件について説明しなさい。

□ ___/___
□ ___/___
□ ___/___

118. **B** 詐害行為の受益者は，消滅時効の援用権者（145）に含まれるか。

□ ___/___
□ ___/___
□ ___/___

119. **B** 後順位抵当権者は，消滅時効の援用権者（145）に含まれるか。

□ ___/___
□ ___/___
□ ___/___

120. **B** 債務者Bが負っている債務のうち，Aに対する債務が消滅時効にかかっている。この場合，Bの債権者Xは，債務者BのAに対する時効援用権を代位行使することができるか。

112. 109条1項と110条を重畳適用する（109Ⅱ）。

113. 110条と112条1項を重畳適用する（112Ⅱ）。

114. 法律行為の効力の発生又は消滅を将来の不確定な事実に係らせる条件のうち，その条件成就によって効力が発生する場合。

115. 法律行為の効力の発生又は消滅を将来の不確定な事実に係らせる条件のうち，その条件成就によって効力が消滅する場合。

116. ①権利の上に眠る者には法による助力を与えない，
②永続した事実状態にはそこに法律関係が積み重なるため保護の必要がある，
③訴訟上で証明の困難を防止するという点にある。

117. ①一定の事実状態の存在，
②一定の事実状態が一定の期間継続すること，
③援用である。

118. 時効の援用権者に含まれる（最判平10.6.22）。

119. 時効の援用権者に含まれない（最判平11.10.21）。
∵反射的利益にすぎない。

120. 肯定説（最判昭43.9.26）
∵時効の援用権は，当事者の財産的利益にのみ関し，純粋な債務者の身分ないし人格そのものと結合するものではないため，423条1項ただし書に反しない。

□ / □ / □ /	**121.**	**A**	時効完成の要件のうち，時効の援用（145）が必要とされる理由について説明しなさい。

□ / □ / □ /	**122.**	**A**	時効完成後に，援用権者が時効完成を知らずに弁済の猶予を求めた。相手方の信頼を保護するため，時効の援用はできないと考えるのが妥当であるが，その法律構成をいかにするべきか。

□ / □ / □ /	**123.**	**A**	長期取得時効（162Ⅰ）の成立要件について説明しなさい。

□ / □ / □ /	**124.**	**A**	短期取得時効（162Ⅱ）の成立要件について説明しなさい。

□ / □ / □ /	**125.**	**A**	取得時効の要件のうち，占有の継続は推定されるか。

□ / □ / □ /	**126.**	**A**	取得時効の要件のうち，所有の意思は推定されるか。

□ / □ / □ /	**127.**	**A**	取得時効の要件のうち，平穏，公然は推定されるか。

□ / □ / □ /	**128.**	**A**	短期取得時効（162Ⅱ）の要件のうち，善意は推定されるか。

□ / □ / □ /	**129.**	**A**	短期取得時効（162Ⅱ）の要件のうち，無過失は推定されるか。

---

121. 時効完成によって生じた権利の得喪は不確定であり，援用（145）又は放棄（146）によって確定的になる（援用を停止条件として権利得喪の効果が確定的に発生する（停止条件説））。

---

122. A　旧判例（大判明44.10.10，最判昭35.6.23）＝時効の放棄と考える。
　　　B　判例（最大判昭41.4.20）＝信義則上，時効援用権を喪失する。

---

123. ①20年間の占有継続，
　　　②所有の意思，
　　　③平穏，公然，
　　　④援用である。

---

124. ①10年間の占有継続，
　　　②所有の意思，
　　　③平穏，公然，
　　　④援用，
　　　⑤善意無過失である。

---

125. 186条2項により推定される。

---

126. 186条1項により推定される。

---

127. 186条1項により推定される。

---

128. 186条1項により推定される。

---

129. 推定されない。

□ /	**130.** **A**	短期取得時効（162Ⅱ）の要件のうち,「善意」の意義について説明しなさい。

□ /	**131.** **B**	短期取得時効の要件である善意無過失の判断時期について説明しなさい。

□ /	**132.** **B**	取得時効の要件事実について説明しなさい。

□ /	**133.** **A**	取得時効の要件のうち,「所有の意思」の判断方法について説明しなさい。

□ /	**134.** **B**	「権原の性質上占有者に所有の意思がないものとされる場合には, その占有者が, 自己に占有をさせた者に対して所有の意思があることを表示し, 又は新たな権原により更に所有の意思をもって占有を始めるのでなければ, 占有の性質は, 変わらない」（185）ところ, 相続によって「新たな権原」を取得したといえるかについて説明しなさい。

□ /	**135.** **B**	Aはその所有する土地をBに対して譲渡したが, Bは登記を具備しなかった。その後Aは同土地をCにも譲渡し, Cは登記を具備した。この場合, Bは177条との関係ではCに劣後するが, 所有権の取得時効を主張することができるか。 　条文上, 要件として「他人の物」（162）であることが要求されているように思える。とすれば, 自己物を時効取得することはできないのか。

130.　自分に所有権があると信じることをいう。

131.　善意無過失は占有の始期に判断する。
　　　その後，悪意に変わっても影響なし。

132.　長期取得時効（162Ⅰ）を主張する場合，①ある時点での占有，②20年経過時点での占有，③時効援用の意思表示が要件事実となる。短期取得時効（162Ⅱ）を主張する場合には，占有開始時に善意であることについて無過失であること（無過失の評価根拠事実）を主張することになる。これに対して，抗弁として，他主占有権原，他主占有事情，悪意，無過失の評価障害事実を主張することになる。

133.　占有取得原因たる事実によって客観的に決まり，占有者の主観によるものではない。

134.　原則として，「新たな権原」に当たらないが，事実的支配が外形的客観的にみて独自の所有の意思に基づくものと解される場合，「新たな権原」に当たり，自主占有に転換する（最判平8.11.12）。
　　　ただし，判例は「新たな権原」に当たるかどうかは，明示していない。
　　　∵①相続は，相続人の地位を包括承継するため（896本文），被相続人の占有が他主占有である以上，相続人の占有も他主占有になるのが原則である。
　　　　②被相続人所有であると信じて占有を継続した相続人を保護する必要。

135.　時効取得肯定説（最判昭42.7.21）
　　　Bはその他の要件を満たせば，土地の所有権をCに対して主張することができる。
　　　∵①時効制度の趣旨は，永続した事実状態を尊重してこれを実体法上の権利関係に高め，また，真実の立証の困難性を救済する点にあるから，趣旨を満たす限り自己物・他人物を区別する必要はない。
　　　　②「他人の物」とは例示であると考えればよい。

□ ／ □ ／ □ ／	**136.** **B**	Aが善意・無過失で他人の物を6年間占有した後，悪意のBに譲渡しBが5年間占有を継続した。 　Bは，自己のみの占有も主張できるし，前主の占有をあわせて主張することもできる（187Ⅰ）。また，前主の占有をあわせて主張する場合には，「瑕疵」も承継する（悪意であれば，悪意も承継）（187Ⅱ）。 　では，前主の「瑕疵がないこと」も承継するのか。
□ ／ □ ／ □ ／	**137.** **B**	「占有者の承継人は，その選択に従い，自己の占有のみを主張し，又は自己の占有に前の占有者の占有を併せて主張することができる」（187Ⅰ）ところ，前主が死亡した場合の相続人との関係で，占有は事実的支配を伴うものであるため，相続人が事実的支配を開始するまで，占有は認められないのではないかについて説明しなさい。
□ ／ □ ／ □ ／	**138.** **B**	187条1項の「承継」に相続による包括承継は含まれるか。
□ ／ □ ／ □ ／	**139.** **A**	消滅時効の成立要件について説明しなさい。
□ ／ □ ／ □ ／	**140.** **A**	消滅時効の成立要件のうち，「権利を行使することができる時」（166Ⅰ②）の意義について説明しなさい。
□ ／ □ ／ □ ／	**141.** **A**	消滅時効の成立要件のうち，「債権者が権利を行使することができることを知った時」（166Ⅰ①）の意義について説明しなさい。

136. 判例（最判昭53.3.6）＝「瑕疵がないこと」も承継する。
　　∵①同一人による占有継続の場合には占有開始時に善意・無過失であれば足りることとの均衡。
　　　②187条2項が「瑕疵をも」としているのは，「瑕疵のないことはもちろんのこと，瑕疵のあることもまた承継する」という意味であり，占有と瑕疵を承継するという意味ではない。

137. 判例（最判昭44.10.30）＝相続によって占有は当然に（相続人に）移転する（前主の占有は観念的に相続することになる）。
　　∵①無占有状態を作出するべきでない。
　　　②占有権の相続を認めなければ，被相続人の下で進行してきた取得時効が，被相続人の死亡により無に帰すことになる。

138. 肯定説（最判昭37.5.18）
　　∵187条は，占有を承継した者は，一面においては前主の占有と同一性を有する占有を継続し，他面において自らの新たな占有を開始したものとみられることを反映した規定であって，その意味で特定承継と包括承継は異ならない。

139. ①権利の不行使，
　　②一定期間の経過，
　　③援用の意思表示である。

140. 法律上の障害が消滅した時点をいう。

141. 権利行使が期待可能な程度に当該権利の発生及びその履行期の到来その他権利行使にとっての障害がなくなったことを債権者が知った時をいう。

2　物権

☐ ／
☐ ／
☐ ／
1.　**A**　一物一権主義の意義について説明しなさい。

☐ ／
☐ ／
☐ ／
2.　**A**　一物一権主義の趣旨について説明しなさい。

☐ ／
☐ ／
☐ ／
3.　**A**　物権的請求権（物権の円満な支配状態が妨害され，又はそのおそれがある場合に，その妨害の原因となっている事実を支配している人に対して，あるべき状態の回復又は妨害の予防を求める請求権）の種類について説明しなさい。

☐ ／
☐ ／
☐ ／
4.　**B**　所有権に基づく返還請求の要件事実について説明しなさい。

☐ ／
☐ ／
☐ ／
5.　**B**　A所有の甲土地の上に，無断でBが乙建物を建築し保存登記を行った。その後，乙建物はBからCに譲渡されたが，登記はB名義のままだった。この場合，AはBに対し物権的請求権（返還請求権）を行使できるかについて説明しなさい。

☐ ／
☐ ／
☐ ／
6.　**B**　物権的請求権と費用負担との関係について説明しなさい。

2　物権

1. 　1個の物の一部には**独立の物権**は存在し得ないこと（独立性），数個の物に対して**一つの物権**は存在し得ないこと（単一性）をいう。

2. 　①通常は数個の物の上に1個の物権を設定するだけの**必要性がない**こと，②数個の物に1個の物権を認めても，その**公示が困難**であることにある。

3. 　①**返還請求権**（**占有を喪失した場合**に，その占有の回復を求める権利），②**妨害排除請求権**（**占有の喪失以外の態様で物権の実現が妨害されている場合**に，その妨害状態の解消を求める権利），③**妨害予防請求権**（物権の実現妨害のおそれがある場合にその予防を請求する権利）がある。

4. 　所有権に基づく返還請求の請求原因事実は，①原告の**目的物所有**，②被告の目的物**占有**である。これに対し，被告が**占有権原**を有することが抗弁になる。

5. 　判例（最判平6.2.8）＝原則として，物権的請求権の相手方は**現に権利の実現を妨げている者or妨げている物の所有者**であるが，①**自らの意思**に基づいて所有権取得の登記を経由した場合で，②引き続き登記名義を**保有**する限り物権的請求権の相手方になる。
　従って①②の要件を満たす場合にはAはBに対し，物権的請求権を行使できる。
　　∵ⓐ土地所有者は，地上建物の所有権の帰属につき**重大な利害関係**を有するため，物権変動における**対抗関係と類似**の関係に立つ。そのため，建物の所有権者は，登記を経由しない限り所有権の「**喪**」失を第三者に対抗できない。
　　　ⓑ実質的所有者の探究が困難。

6. 　A　行為請求権説＝物権的請求権は，**積極的**行為を請求し得る権利であり，費用は**相手方負担**である。
　　B　忍容請求権説＝物権的請求権は，物権者自らが除去することを相手方に**忍容**させる権利であり，費用は原則として**請求者**の負担。
　　C　修正行為請求権説＝物権的請求権は原則として**行為請求権**であるが，例外的に相手方の行為によらないで占有侵奪が発生した場合の返還請求権については**忍容請求権**になる。

☐ ／ ☐ ／ ☐ ／	**7.** **A** 物権変動の効力が生じる時期について説明しなさい。

☐ ／ ☐ ／ ☐ ／	**8.** **A** 「不動産に関する物権の得喪及び変更は，不動産登記法（平成16年法律第123号）その他の登記に関する法律の定めるところに従いその登記をしなければ，第三者に対抗することができない」(177) ところ，登記が必要とされる理由（177の趣旨）について説明しなさい。

☐ ／ ☐ ／ ☐ ／	**9.** **A** 「不動産に関する物権の得喪及び変更は，不動産登記法（平成16年法律第123号）その他の登記に関する法律の定めるところに従いその登記をしなければ，第三者に対抗することができない」(177) ところ，「不動産に関する物権の得喪及び変更」の範囲について説明しなさい。

☐ ／ ☐ ／ ☐ ／	**10.** **A** 二重譲渡事例において，第一譲受人に譲渡した時点で譲渡人は無権利者となるのではないか，第二譲受人は無権利者からの権利の譲渡を受けているだけなのではないかについて説明しなさい。

☐ ／ ☐ ／ ☐ ／	**11.** **A** 「不動産に関する物権の得喪及び変更は，不動産登記法（平成16年法律第123号）その他の登記に関する法律の定めるところに従いその登記をしなければ，第三者に対抗することができない」(177) ところ，「第三者」の意義について説明しなさい。

☐ ／ ☐ ／ ☐ ／	**12.** **A** 背信的悪意者の意義について説明しなさい。

7.　意思表示によって効力が生じる（最判昭33.6.20）。

8.　物権変動の有無が分からなければ，第三者にとって不測の事態を招くおそれがあるため，物権変動の有無を外部から見て明らかにすることにある。

2

物

権

9.　A　無制限説（大連判明41.12.15）
　∵①「物権の得喪及び変更」という文言には，何らの限定もない。
　②公示を徹底する必要があるため，限定するべきでない。
　B　制限説（学説）
　∵176条と177条の位置関係からすれば，177条も意思表示による物権変動に限定して適用すべき。

10.　不完全物権変動説＝意思表示のみで第三者に対しても有効な物権変動を生ずる（176）が，登記を備えない限り完全な排他性を備えたものとはならないため，二重譲渡も可能。

11.　判例＝当事者及び包括承継人以外の者で，「登記の欠缺を主張する正当な利益を有する第三者」（大連判明41.12.15）。
　∵177条は物権変動を公示することにより，同一の不動産につき正当な権利・利益を有する第三者に不測の損害を与えないようにする趣旨の規定であるため，正当な権利・利益を有しない者は同条により保護する必要はない。

12.　登記の欠缺を主張することが信義則（1Ⅱ）に反すると認められる者をいい，①実体法上物権変動があった事実を知っていること（悪意性），②登記欠缺を主張することが信義則に反すること（背信性）が必要である。

13. **B** 　Aはその所有する土地をBに譲渡した後，背信的悪意者であるCにも同土地を譲渡し，Cが登記を具備した。その後，Cは善意者たるDに同土地を転売し，DがCから移転登記を受けた。

　背信的悪意者からの譲受人は前主たる背信的悪意者の地位をそのまま承継するのか（あるいは，Cが無権利者であって，Dは無権利者からの譲受人と見られるのか），それとも，背信的悪意は譲受人に着目して個別的に判断するのか。

14. **B** 　「当事者の一方がその解除権を行使したときは，各当事者は，その相手方を原状に復させる義務を負う。ただし，第三者の権利を害することはできない」（545Ⅰ）ところ，「第三者」の意義について説明しなさい。

15. **B** 　「当事者の一方がその解除権を行使したときは，各当事者は，その相手方を原状に復させる義務を負う。ただし，第三者の権利を害することはできない」（545Ⅰ）ところ，「第三者」として保護されるための主観的要件の要否について説明しなさい。

16. **B** 　「当事者の一方がその解除権を行使したときは，各当事者は，その相手方を原状に復させる義務を負う。ただし，第三者の権利を害することはできない」（545Ⅰ）ところ，「第三者」として保護されるための登記の要否について説明しなさい。

17. **B** 　「当事者の一方がその解除権を行使したときは，各当事者は，その相手方を原状に復させる義務を負う。ただし，第三者の権利を害することはできない」（545Ⅰ）ところ，「第三者」とは解除前の第三者をいうとする場合，解除後の第三者の関係の法律構成について説明しなさい。

18. **B** 　CはA所有の土地を買い受け，移転登記を行ったが，その後，この土地を以前から占有していたBが時効取得した場合，Bは，Cに対して，登記なく権利を主張できるかについて説明しなさい。

13. 判例（最判平8.10.29）＝背信的悪意の有無は**個別的**に判断する。
　　∵①背信的悪意者は，**信義則上**権利を主張できないだけであり，**全くの無権利者**ではないから，権利を譲り受けること自体は可能。
　　②信義則違反は**個別的**に判断すべき。

2　物　権

14. 解除前の第三者のみ（取消し前の第三者と同じ）。
　　∵545条1項ただし書は，解除の**遡及効**を特に制限し，**第三者の保護を図っ**たものであるから，第三者とは解除の**遡及効**によって害される者に限られる。

15. **善意，悪意問わない**（取消し前の第三者と異なる）。
　　∵①解除原因が存在しても，**必ずしも解除されるとは限らない。**
　　②**条文上**，善意であることは要求されていない。

16. **登記必要説**（大判大10.5.17，最判昭45.3.26など）
　　∵545条1項ただし書は，何ら**帰責性**のない解除権者の犠牲の下に第三者を保護するものであるから，**権利保護要件**としての登記を備えるべきである。

17. **取消し後の第三者**と同じ（最判昭35.11.29）＝**177条**で処理。

18. **できる**（登記不要説，最判昭41.11.22）。
　　∵①占有者Bから見て譲受人Cは，第三者ではなく**物権変動の当事者**。
　　②BがCに先んじて**登記**を備えることは事実上ほぼ**不可能**。

| | | 19. | B | CはA所有の土地を買い受け移転登記を行ったが，それよりも前に，この土地を以前から占有していたBが時効取得した場合，Bは，Cに対して，登記なく権利を主張できるかについて説明しなさい。 |

□ ／
□ ／
□ ／

| | | 20. | B | 時効取得の起算点をずらして主張することができるかについて説明しなさい。 |

□ ／
□ ／
□ ／

| | | 21. | B | Bが取得時効完成に必要な期間甲土地を占有したが，これを援用せず，所有権移転登記も了していなかったところ，甲土地の所有者Aから，Cが抵当権の設定を受け，登記を具備した。その後，BはAに対して取得時効を援用し，これを登記原因とする所有権移転登記を了した。さらに，BはCの抵当権設定登記時から，取得時効完成に必要な期間甲土地を占有したとして，再度取得時効を援用した。この場合，起算点固定の原則の例外が適用され，再度の取得時効の援用が認められるかについて説明しなさい。 |

□ ／
□ ／
□ ／

| | | 22. | B | Bが取得時効完成に必要な期間甲土地を占有したが，これを援用せず，所有権移転登記も了していなかったところ，甲土地の所有者Aから，Cが抵当権の設定を受け，登記を具備した。その後もBは，取得時効を援用しなかったが，Cの抵当権設定登記時から，取得時効完成に必要な期間甲土地を占有したとして，再度取得時効を援用した。この場合，起算点固定の原則の例外が適用され，再度の取得時効の援用が認められるかについて説明しなさい。 |

□ ／
□ ／
□ ／

19.　できない（登記必要説，最判昭33.8.28）。
　　∵①占有者と譲受人は二重譲渡類似の関係に立つ。
　　　②時効取得後は遅滞なく登記を具備すべき。

20.　原則として，起算点をずらすことは認められないが（起算点固定の原則），譲受人の登記後さらに時効取得に必要な期間を経過した場合には，登記なくして権利主張できる（起算点固定の原則の例外）。

21.　起算点固定の原則の例外は適用されず，再度の取得時効の援用は認められない（最判平15.10.31）。
　　∵最初の時効取得によって，抵当権の存在を容認しているといえる。

2
物
権

22.　起算点固定の原則の例外が適用され，再度の取得時効の援用は認められる（最判平24.3.16）。
　　∵不動産の取得時効の完成後所有権移転登記を了する前に，第三者が当該不動産に抵当権の設定を受け，その登記がされた場合には，占有者は，自らの所有権の取得自体を買受人に対抗することができない地位に立たされる（＝譲渡当事者類似の関係がある）。

| | | 23. | B | Dは乙土地の所有者Eとの間で賃貸借契約を締結し、乙土地上に丙建物を建設し、これを所有していたが、この賃借権について対抗要件を具備していなかった。賃借権の時効取得に必要な期間が経過した後、EがFに対して、乙土地に抵当権を設定し、その登記がなされた。その後、乙土地の抵当権が実行され、Gが乙土地を競落し、Dに対して、建物収去土地明渡請求を行ったところ、Dは抵当権設定登記後、賃借権の時効取得に必要な期間乙土地を占有しており、賃借権を時効取得することを理由としてこれを拒んでいる。この場合、起算点固定の原則の例外が適用され、賃借権の時効取得が認められるかについて説明しなさい。 |

| | | 24. | B | 甲土地の所有者Aが死亡し、BCが共同相続したが、CはBに無断で甲土地全部を自分が相続したように登記し、Dに譲渡した（登記済）。この場合、Bは、Dに対し、Bの持分をBが有することを登記なくして対抗できるかについて説明しなさい。 |

| | | 25. | B | 甲土地を所有するAが死亡しBCが共同相続したが、Cの債権者DがCの持分を差し押さえた。その後Cが相続放棄したため、甲土地はBの単独所有となった。
　以上の事例で、Bは単独所有権を主張するために登記を備える必要があるか。 |

| | | 26. | B | 甲土地を所有するAが死亡しBCが共同相続したが、Cが相続放棄したため、甲土地はBの単独所有となった。ところが、Bが登記を備える前に、Cの債権者DがCの持分を差し押さえた。
　以上の事例で、Bは単独所有権を主張するために登記を備える必要があるか。 |

| | | 27. | B | 甲土地を所有するAが死亡しBCが共同相続したが、Cの債権者DがCの持分を差し押さえた。その後Cが相続放棄したため、甲土地はBの単独所有となった。この場合、Bは、Dに対し、単独所有権を有することを登記なくして対抗できるかについて説明しなさい。 |

23. 　起算点固定の原則の例外は適用されず，再度の取得時効の援用は**認められない**（最判平23.1.21）。
　　∵賃借権の時効取得によって，賃借権の負担を受ける者は，抵当権者ではなく，所有者（＝**譲渡当事者類似**の関係にない）。

24. 　**できる**（登記不要説，最判昭38.2.22）。
　　∵①共同相続人には持分権以上の権利はなく，単なる**無権利者**による譲渡（他人物売買の一種）。
　　②相続分は近い将来に遺産分割で変更される。

25. 　登記は**不要**。
　　∵①相続放棄の遡及効は**絶対的**→**第三者保護規定**がない（939）。
　　②相続放棄には期間制限がある（3か月，**915Ⅰ**）。
　　③法定単純承認の制度（921）→3か月間の間に相続財産を処分すると放棄が不可能になる。

26. 　判例（最判昭42.1.20）＝登記は**不要**。
　　∵①相続放棄の遡及効は**絶対的**→**第三者保護規定**がない（939）。
　　②放棄後の第三者は，家庭裁判所に問い合わせれば放棄の有無がわかる（938）。

27. 　登記なくしてDに**対抗できる**（**登記不要説**）。

| | | 28. | B | AからB，BからCと不動産の所有権が移転した場合に，中間者BをとばしてAからCに直接登記を移転すること（中間省略登記）が許されるかについて説明しなさい。 |

| | | 29. | B | 三者間に特約（合意）がないのに中間省略登記がされてしまった場合，中間者は登記の抹消手続を請求できるのかについて説明しなさい。 |

| | | 30. | B | AはB所有の土地を買い受けたが，その土地にはCの通行地役権が設定されていた。Cは地役権の登記を具備していなかった。なお，譲渡後Aは土地所有権の登記を具備した。AとCは土地の利用権を相争う関係にあるから，Cは地役権の登記を具備しない限り，Aに地役権の主張はできないことになるが，通行地役権が設定されている（通路等を開設している）場合には，通行地役権が設定されていることが明白であるため，そのように解する必要はないのではないか。 |

| | | 31. | B | 甲所有の土地を乙が時効取得した後に，丙がその土地を甲から買い受け登記を具備した。丙は同土地を長年にわたって乙が占有していることを知っていたが，時効取得の要件を備えていることは認識していなかった。取得時効完成後の第三者の事例であるから，判例によれば，乙丙は対抗関係に立つとして，登記で優劣が決まる。丙が背信的悪意者であれば，「第三者」に当たらないが，時効取得の要件を満たすことは知らなかったのだから，悪意性の要件を満たさないのではないか。 |

| | | 32. | A | 動産物権変動の対抗要件である「引渡し」の種類について説明しなさい。 |

| | | 33. | A | 「動産に関する物権の譲渡は，その動産の引渡しがなければ，第三者に対抗することができない」(178)ところ，「第三者」の意義について説明しなさい。 |

民　法

28. 判例（最判昭40.9.21）＝三者間に特約（合意）がある場合にのみ認められる。
　　∵①登記は権利の所在だけでなく，権利変動の過程も公示するものであるから，実体的権利変動の過程とは異なる中間省略登記は好ましいものではないが，中間省略登記でも現在の権利関係は正確に公示できる。
　　②中間者の同時履行の抗弁権を一方的に奪うことは許されない。

29. 判例（最判昭35.4.21）＝中間者に抹消の利益があるとき（同時履行の抗弁権を有する場合など）に限り，中間者は抹消手続請求ができる。
　　∵①現在の権利関係と一致し，ひとまず公示機能を果たすことができる。
　　②登記手数料の負担や手続の煩雑さを避けたいという実務上の要請。

30. 判例（最判平10.2.13）＝①譲渡の時に，継続的に通路として使用されていることがその位置，形状，構造等の物理的状況から客観的に明らかであり，②譲受人がそのことを認識していたか又は認識することが可能であったときは，通行地役権が設定されていることを知らなかったとしても，特段の事情がない限り，地役権設定登記の欠缺を主張するについて正当な利益を有する「第三者」に当たらない。
　　∵通路等を開設している場合には，通行地役権が設定されていることが明白であり，譲受人は要役地の所有者に照会するなどして，地役権の有無，内容を容易に調査することができる。

31. 判例（最判平18.1.17）＝長年にわたって占有していることを知っている場合には，悪意性の要件を満たすと考える。
　　∵時効取得の要件を正確に把握することは極めて困難であるため，長年にわたって占有していることを知っていれば足りると考えるべき。

32. ①現実の引渡し（182Ⅰ）。
　　②簡易の引渡し（182Ⅱ）。
　　③占有改定（183）。
　　④指図による占有移転（184）。

33. 当事者及び包括承継人以外の者で，引渡しの欠缺を主張する正当な利益を有する者をいう。

2
物
権

□ ／
□ ／
□ ／
34. **A** 即時取得（192）が成立するための要件について説明しなさい。

□ ／
□ ／
□ ／
35. **A** 即時取得（192）が成立するための要件のうち，「善意」の意義について説明しなさい。

□ ／
□ ／
□ ／
36. **A** 即時取得（192）が成立するための要件のうち，「過失がない」の意義について説明しなさい。

□ ／
□ ／
□ ／
37. **A** 即時取得（192）が成立するための要件のうち，平穏，公然，善意は推定されるかについて説明しなさい。

□ ／
□ ／
□ ／
38. **A** 即時取得（192）が成立するための要件のうち，無過失が推定されるかについて説明しなさい。

□ ／
□ ／
□ ／
39. **B** 即時取得（192）の要件事実について説明しなさい。

□ ／
□ ／
□ ／
40. **B** 制限行為能力者AがBにA所有のパソコンを売却した後，BはCにそのパソコンを売却し引き渡した。その後，Aが制限行為能力を理由にAB間のパソコンの売買契約を取り消した。この場合，Cの即時取得が認められるかについて説明しなさい。

□ ／
□ ／
□ ／
41. **A** 占有改定により引渡しが行われた場合，即時取得は認められるか（「占有を始めた」といえるか）。

34. ①目的物が「動産」であること，
②前主が**無権利者**であること，
③無権利者との間に**有効な取引行為**が存在すること，
④**平穏，公然，善意，無過失**，
⑤**占有**を始めたことである。

---

35. 取引の相手方が権利者であると**信じた**ことをいう。

---

36. 取引の相手方が権利者であると信じたことについて**過失**がなかったことをいう。

---

37. **推定される**（186 I）。

---

38. **188条**により推定される（最判昭26.11.27）。

---

39. **取引行為の成立**とこれに**基づく引渡し**を主張すれば足りる。

---

40. 肯定説＝**取消原因**について**善意無過失**である場合には，即時取得を認めるため，
CはBからパソコンの引渡しを受けた時点でAの制限行為能力について善意・
無過失であればパソコンを即時取得できる。
∵①取消し後か取消し前かは偶然の事情であり，保護の必要性は変わらない。
　②「無権利者であること」は，事後的に無権利者になった場合も含まれる。
　③取引の時点では，Bは無権利者ではない以上，善意無過失の対象をBの無
　　権利とすることはできないため，取消原因を主観の対象とするべきである。

---

41. 否定説（最判昭32.12.27，最判昭35.2.11）
∵①**占有改定**によって引渡しが行われた場合には，所有者の**支配領域**を離れて
　　流通しているとはいえないし，即時取得を認めると何の帰責性もない原権
　　利者に酷。
　②法律関係の**早期確定**。

☐ ／
☐ ／　**42.** **A**　指図による占有移転により引渡しが行われた場合，即
☐ ／　　　　　　時取得は認められるか（「占有を始めた」といえるか）。

☐ ／
☐ ／　**43.** **A**　立木を二重譲渡した場合の優先関係の判断基準につい
☐ ／　　　　　　て説明しなさい。

☐ ／
☐ ／　**44.** **A**　土地の譲渡と同土地上の立木を譲渡した場合の優先関
☐ ／　　　　　　係の判断基準について説明しなさい。

☐ ／
☐ ／　**45.** **A**　Aが立木所有権を留保して土地をBに売った後，Bが
☐ ／　　　　　　立木まで自分のものであるとしてCに売ったときの優先
　　　　　　　　関係の判断基準について説明しなさい。

☐ ／
☐ ／　**46.** **A**　Aが土地と立木をBとCに二重譲渡したところ，土地
☐ ／　　　　　　の登記はCが備え，立木の明認方法はBが備えた場合，
　　　　　　　　立木の所有権は誰が有するか，について説明しなさい。

☐ ／
☐ ／　**47.** **A**　自主占有（所有の意思をもってする占有）か他主占有（自
☐ ／　　　　　　主占有以外の占有）かの判断基準について説明しなさい。

☐ ／
☐ ／　**48.** **A**　「善意の占有者は，占有物から生ずる果実を取得する」
☐ ／　　　　　　（189 I）ところ，「善意」の意義について説明しなさい。

☐ ／
☐ ／　**49.** **A**　占有訴権の種類について説明しなさい。
☐ ／

42. 肯定説（判例？最判昭57.9.7）
   ∵ 譲渡人が現に動産を所持してないから，指図による占有移転を行った時点で譲渡人は一切の占有を失う。そうすると，譲渡人を介して間接的な占有を有していた所持者も占有を失うこととなり，所有者の支配領域を離れて流通するに至ったものとみることができる。

43. 明認方法の先後による（大判大10.4.14）。

44. 登記の具備と明認方法の具備の先後による（最判昭35.3.1）。

45. 判例（最判昭34.8.7）＝Aの明認方法とCの土地の登記の先後で決まる。
   ∵ 立木は土地の定着物であり，土地とともに移転することが原則である。これを留保することも，公示が必要な物権変動の一種と考えるべきであるから，BからA・Cへの二重譲渡と同視できる。

46. 判例（大判昭9.12.28）＝Cが優先。
   ∵ 明認方法は立木が土地と独立して譲渡されることが多いことから認められた制度である。
   土地と立木がまとめて譲渡される場合には原則に戻るべき。

47. 他主占有か自主占有かは権原の客観的性質から定められる（権原の問題，最判昭45.6.18，最判昭47.9.8）。
   他主占有か自主占有かは占有に関する事情によっても定められる（態様の問題）。

48. 果実収取権を含む本権を有すると誤信することをいう。

49. ア 占有保持の訴え（198）：占有妨害をされた場合の妨害排除請求
   イ 占有保全の訴え（199）：占有者による妨害予防請求
   ウ 占有回収の訴え（200）：占有を侵奪された場合の返還請求

☐ ／
☐ ／
☐ ／

50. B 　　AはBから賃借したB所有の建物に，Bの同意を得て増改築を行った。増改築部分の所有権は誰に帰属するか（増改築部分は弱い付合であることを前提とする）。Aの有する建物賃借権は，「権原」には当たらない（建物賃借権は，増改築する権能や増改築部分を賃借人に留保する権能を賃借人に当然に与えているわけではないため）。では，Bの承諾を「権原」とみることはできないか。

50.　Bの承諾の趣旨による。
　①Bの承諾が，Aが増改築をしても用法遵守義務（616，594Ⅰ）の違反による
　　債務不履行にはならないとするための承諾にすぎない場合，Aが区分所有権を
　　留保することまで承諾するものではない。
　②Bの承諾がAが区分所有権を留保することまで承諾する趣旨を含む場合，Aは
　　区分所有権を留保することが可能。

3 担保物権

☐ / ☐ / ☐ /	1.	**A**	留置権（295）の趣旨について説明しなさい。

☐ / ☐ / ☐ /	2.	**A**	留置権（295）が認められるための要件について説明しなさい。

☐ / ☐ / ☐ /	3.	**B**	「その物に関して生じた債権」（295 I）の意義について説明しなさい。

☐ / ☐ / ☐ /	4.	**B**	賃貸借契約終了後も引き続き賃借物を占有していた者が必要費を支出した場合，必要費償還請求権を被担保債権とした留置権は成立するか。中途から不法占有になった場合に295条2項の類推適用は可能か。

☐ / ☐ / ☐ /	5.	**B**	有過失者に対しても295条2項を類推適用し，留置権の成立を否定することができるか。

☐ / ☐ / ☐ /	6.	**A**	先取特権に基づく物上代位（304 I 本文）の要件のうち，「差押え」（304 I ただし書）が必要とされる趣旨について説明しなさい。

☐ / ☐ / ☐ /	7.	**B**	XがAにダイヤモンドを売却したところ，AはYにこれを転売し，売買代金債権をBに譲渡した。Bは譲渡の際にYから確定日付ある承諾を得ていた。その後Xが動産売買先取特権に基づいて物上代位を行い，差押えをした場合，XとBのいずれが優先するのか。

3　担保物権

1.　当事者間の公平にある。

2.　①「その物に関して生じた債権」であること（物と債権の牽連性），
②債権が弁済期にあること（295Ⅰただし書），
③留置権者が他人の物を占有していること，
④占有が不法行為によって始まったものでないこと（295Ⅱ）である。

3.　「その物に関して生じた債権」とは，留置権の成立時点（被担保債権成立の時点）において，被担保債権の債務者と目的物の引渡請求権者が同一人であることが必要。

4.　A　類推肯定説（大判大 10.12.23，最判昭 46.7.16，最判昭 48.10.5，最判昭 51.6.17）＝必要費償還請求権を被担保債権とした留置権は成立しない。
　∵中途から不法占有になった場合も，留置権を否定することが留置権の趣旨（当事者間の公平）に合致する。
　B　類推適用（部分的）否定説
　∵196条2項ただし書が優先する。

5.　類推肯定説（最判昭 51.6.17）＝自己の占有が権原に基づかないものとなるかもしれないことを疑わなかったことにつき過失ある者にも，事案に応じて公平の理念に反するときには，同条項の類推適用によって留置権の成立が否定される。

6.　債権の譲受人などの第三者を保護する趣旨を含む。

7.　Bが優先する（最判平 17.2.22）＝物上代位の目的債権が譲渡され，第三者に対する対抗要件が備えられた後においては，目的債権を差し押さえて物上代位権を行使することはできない。
　∵動産売買先取特権は，抵当権と異なり公示方法が存在しないため，「差押え」（304Ⅰただし書）は，債権の譲受人などの第三者を保護する趣旨を含む（そして，第三者の保護が主たる目的である）と考えるべきである。

8. **A** 質権（342）が成立するための要件（効力発生要件）について説明しなさい。

9. **B** 責任転質（348）の法的性質について説明しなさい。

10. **B** 質権者が任意に目的物の占有を失った場合，対抗力が消滅する（352）。さらに進んで，質権の効力自体が消滅するのか。

11. **B** 消費貸借契約（587）に基づく貸金返還請求権を被担保債権とする抵当権（369）を設定，登記した後に，当該消費貸借契約が無効又は取り消された場合，付従性によって抵当権も消滅するかについて説明しなさい。

12. **B** 抵当権の設定登記における流用登記の可否について説明しなさい。

8.　①質権設定の合意，②目的物の引渡しである。

9.　質物質入説＝原質権の負担が課された質物を質入れすること。
　　債権質権共同質入説＝原質権者の有する被担保債権とこれを担保する質権を併せ
　　て質入れすること。

10.　対抗力喪失説（大判大5.12.25）＝効力は存続する。
　　質権設定者には質権自体に基づく返還請求権を主張できるが，質権設定者が第三
　者に目的物を引き渡した場合には，返還請求をすることができなくなる。
　　∵質権の本質は優先弁済的効力であり，留置的作用は優先弁済的作用を促進する
　　補助策にすぎない。

11.　A　判例（最判昭44.7.4）＝信義則説。
　　　被担保債権が無効であれば，抵当権も無効であり，これを実行することはで
　　きないのが原則である。ただし，信義則上，抵当権ないしその実行手続の無効
　　を主張することができない場合がある。
　　B　債権同一性説
　　∵①消費貸借契約に基づく貸金返還請求権と契約の無効によって生じた原状回復
　　　請求権（121の2Ⅰ）は，法律上の同一性はないが，実質的経済的には同一
　　　性が認められる。
　　②抵当権が消滅すると考えると債権者を著しく害する。

12.　原則として効力を有しないが，現在の権利状態と一致するならば，ひとまず流用
　された登記も有効としてよい。
　　ただし，流用前に第三者が存在する場合は，その第三者に対する関係では，流用
　を否定すべき。
　　∵①物権変動の過程を正確に公示するという登記の役割からすれば，抵当権の登
　　　記は古い権利関係を公示する役割しか果たさないが，現在の権利関係を公示
　　　できれば足りるとも考えられる。
　　②登記の流用前に第三者が存在する場合，順位上昇の利益や抵当権消滅の利益
　　　を保護する必要がある。

□ /＿＿ □ /＿＿ □ /＿＿	**13.**	**A**	抵当権の効力が及ぶ目的物の範囲について説明しなさい。

□ /＿＿ □ /＿＿ □ /＿＿	**14.**	**A**	「抵当権は，抵当地の上に存する建物を除き，その目的である不動産」「に付加して一体となっている物に及ぶ」（370本文）ところ，当該条文の趣旨について説明しなさい。

□ /＿＿ □ /＿＿ □ /＿＿	**15.**	**A**	「抵当権は，抵当地の上に存する建物を除き，その目的である不動産」「に付加して一体となっている物に及ぶ」（370本文）ところ，「一体」の意義について説明しなさい。

□ /＿＿ □ /＿＿ □ /＿＿	**16.**	**A**	「抵当権は，抵当地の上に存する建物を除き，その目的である不動産」「に付加して一体となっている物に及ぶ」（370本文）ところ，「付加して一体となっている物」に従物（87Ⅰ）が含まれるかについて説明しなさい。

□ /＿＿ □ /＿＿ □ /＿＿	**17.**	**B**	AはBに対して貸金債権を有しており，これを被担保債権とする抵当権（369）をB所有建物に設定した場合，Bが有する借地権にも抵当権の効力が及ぶかについて説明しなさい。

□ /＿＿ □ /＿＿ □ /＿＿	**18.**	**B**	目的不動産に根付いた立木が，抵当権設定者によって伐採された後搬出され，第三者に譲渡された場合，当該立木に対し抵当権の効力が及ぶかについて説明しなさい。

13. 原則：その不動産（369）
　　例外：付加一体物（370）＝不動産の構成部分（又は付合物）
　　例外の例外：
　　　①「権原」による場合（242ただし書）→ただし，対抗要件（明認方法）が必
　　　　要。
　　　②当事者の特約がある場合→これも，特約を登記しておく必要あり。
　　　③詐害行為になるような場合。

14. 目的物の交換価値を高めて，抵当権者を保護することにある。

15. 物理的一体性のみならず，経済的一体性をも含む（370条説）。
　　　∵370条の趣旨は，目的物の交換価値を高めて，抵当権者を保護することに
　　　　ある。

16. A　370条説（判例？最判昭44.3.28）＝「付加一体物」に従物を含むと考える。
　　　∵370条の趣旨は，目的物の交換価値を高めて，抵当権者を保護する点にあ
　　　　るため，「一体」とは，物理的一体性のみならず，経済的一体性をも含むと
　　　　考えるべき。
　　B　87条2項説
　　　B1　87条2項説①＝抵当権の「設定」を「処分」とみる。
　　　（批判）抵当権設定後に従物が設置された場合，効力が及ばないのでは？
　　　B2　87条2項説②＝抵当権の「実行」を「処分」とみる。
　　　（批判）「実行」を「処分」とみるのは，文理上無理がある。

17. 従たる権利にも抵当権の効力が及ぶことに争いはなく（最判昭40.5.4），法律構
　　成としては370条類推と87条2項類推が考えられる。

18. 分離されても抵当権の効力は存続する（大判昭7.4.20）。
　　　∵①交換価値の維持。
　　　　②いったん効力が及んだ場合，失われるとする理由はない。

3
担保物権

| | | 19. | B | 目的不動産に根付いた立木が，抵当権設定者によって伐採された後搬出され，第三者に譲渡された場合，当該立木に対し抵当権の効力が及ぶとして，抵当権者と立木所有権を取得した第三者との関係をどのように処理すべきかについて説明しなさい。 |

| | | 20. | A | 物上代位の意義について説明しなさい。 |

| | | 21. | A | 抵当権に基づく物上代位（372，304 I 本文）が認められるための要件について説明しなさい。 |

| | | 22. | A | 抵当権に基づく物上代位（372，304 I 本文）が認められるための要件のうち，「その目的物の売却，賃貸，滅失又は損傷によって債務者が受けるべき金銭その他の物」に目的不動産の売買代金債権が含まれるかについて説明しなさい。 |

| | | 23. | A | 抵当権に基づく物上代位（372，304 I 本文）が認められるための要件のうち，「その目的物の売却，賃貸，滅失又は損傷によって債務者が受けるべき金銭その他の物」に目的不動産の転貸料債権が含まれるかについて説明しなさい。 |

| | | 24. | B | 抵当権に基づく物上代位（372，304 I 本文）が認められるための要件のうち，「その目的物の売却，賃貸，滅失又は損傷によって債務者が受けるべき金銭その他の物」に保険金請求権が含まれるかについて説明しなさい。 |

19.　A　公示の衣説＝目的不動産から搬出された場合には，抵当権者は抵当権の効力を第三者に主張できなくなる。

∵抵当権は登記を対抗要件とする権利であるから，分離物が抵当不動産上に存在し登記による公示力が及ぶ限りで抵当権の効力を第三者に対抗できると解すべき（「公示の衣」に包まれていると表現することもある）。

B　即時取得説＝即時取得されるまで，抵当権の効力を第三者に主張できるとする。

20.　売却，賃貸，滅失等によって抵当目的物の交換価値が具体化した場合に，その交換価値に抵当権の効力を及ぼすこと。

21.　①目的物の売却，賃貸，滅失又は損傷によって債務者が受ける金銭その他の物が生じること，②払渡し又は引渡し前に差押えをすることである。

22.　A　肯定説＝対象となる。

∵条文上対象となることが明らかである。

B　否定説＝対象とならない。

∵抵当権は追及効があるから，物上代位を認めなくとも抵当権者を保護できる。

23.　判例（最決平12.4.14）＝抵当不動産の賃借人を所有者と同視できる（≒執行妨害的な場合）特段の事情がない限り，転貸料債権は物上代位の対象とならない。

∵①文言上「債務者」（372，304）には抵当不動産の賃借人（転貸人）を含まないと解される。

②転貸料債権に物上代位を認めると，抵当不動産の賃借人（転貸人）の利益を害する。

24.　肯定説（大連判大12.4.7）

∵保険料と保険金では価値の差が大きすぎるため，保険金請求権は実質的には目的不動産の価値代表物というべき。

3
担保物権

□／ 25. **B** 動産売買先取特権（311⑤）に基づく物上代位（304 I
□／　　　　本文）が認められるための要件のうち，「その目的物の売
□／　　　　却，賃貸，滅失又は損傷によって債務者が受けるべき金
　　　　　　銭その他の物」に請負代金債権が含まれるかについて説
　　　　　　明しなさい。

□／ 26. **B** 抵当権に基づく物上代位（372，304 I 本文）が認めら
□／　　　　れるための要件のうち，「差押え」（304 I ただし書）が必
□／　　　　要とされる趣旨について説明しなさい。

□／ 27. **B** 抵当権に基づく物上代位（372，304 I 本文）が認めら
□／　　　　れるための要件のうち，「差押え」（304 I ただし書）につ
□／　　　　いて，抵当権者自ら差押えをする必要があるかについて
　　　　　　説明しなさい。

□／ 28. **B** 抵当権に基づく物上代位（372，304 I 本文）が認めら
□／　　　　れるための要件のうち，「差押え」（304 I ただし書）につ
□／　　　　いて，他の債権者に先立って差押えをする必要があるか
　　　　　　について説明しなさい。

25. 原則否定説（最決平10.12.18）＝請負代金全体に占める当該動産の価額の割合
や請負契約における請負人の債務の内容等に照らして転売代金債権と同視する
に足りる特段の事情がある場合に可能。
　　∵①請負代金が他の商品資材や労力等の価値を包含している場合には，債権者
　　　　によって提供された目的物の価値を直接代表するものとはいえない。
　　　②304条の文言。

26. A　第三債務者保護説（最判平10.1.30）＝第三債務者の二重弁済の危険防止に
あるとする。
　　∵①抵当権の効力が目的債権にも法律上当然に及ぶとすれば，第三債務者は抵
　　　　当権者に無断で抵当不動産の所有者に弁済してもよいのかどうか，不安定
　　　　な地位に置かれるため，差押えを弁済のメルクマールにし，第三債務者を
　　　　二重弁済の危険から解放する。
　　　②抵当権の効力が物上代位の目的債権についても及ぶことは抵当権設定登記
　　　　により公示されているから，第三者との関係は登記により規律すればよい。
　　B　優先権保全説＝抵当権者の優先権の保全にあるとする。
　　∵物上代位は担保物権にみられる当然の性質ではなく，法が抵当権者保護とい
　　　う政策的判断から認めた特別の措置であるから（政策説），抵当権者は代位
　　　物を自ら差し押さえることによってその消滅を防止しなければならない。
　　C　特定性維持説＝目的物の特定性を維持することにある。
　　∵物上代位は抵当権の価値を維持するための当然の制度であるため（当然説），
　　　差押えは目的物の特定性を維持し債務者の一般財産に混入することを防ぐた
　　　めに要求されるにすぎない。

27. 第三債務者保護説から（最判平10.3.26）＝自らする必要がある。
　　∵抵当権者自ら差押えをなさないと，第三債務者が誰に弁済してよいか分から
　　　なくなる。
　　優先権保全説から＝自らする必要がある。
　　∵抵当権者の優先権保全の趣旨から当然。
　　特定性維持説から＝自らする必要はない。
　　∵抵当権者自ら差押えをなさなくとも特定性は維持できる。

28. 第三債務者保護説から（最判平10.3.26）－他の債権者に先立って差し押さえる
必要はない。
　　∵差押えの趣旨は第三債務者の保護であって，第三者との関係を規律するもの
　　　ではない。
　　優先権保全説から＝他の債権者に先立って差し押さえる必要がある（差押えは第
　　　三者に対する対抗要件である）。
　　∵優先権保全という物上代位の趣旨。
　　特定性維持説から＝他の債権者に先立って差し押さえる必要はない。
　　∵差押えは特定のためのものである。

□ /	29.	**B**

Aは，抵当目的物たる同人所有の建物をBに賃貸し，その後Bに対する賃料債権をCに譲渡した（対抗要件も具備）。抵当権者たるAの債権者Xは，物上代位権に基づき，Bに対する賃料債権を差し押さえた。

XとCの優劣は？（「払渡し又は引渡し」に債権譲渡が含まれるのか？）

□ /	30.	**B**

抵当権に基づく物権的請求権が認められるかについて説明しなさい。

□ /	31.	**B**

抵当権侵害における「損害」（709）の意義について説明しなさい。

□ /	32.	**B**

第三者に対して抵当権侵害に対する損害賠償請求をする場合，損害の算定時期について説明しなさい。

□ /	33.	**B**

第三者の不法行為によって抵当目的物の価値が下落してしまった。

このような場合，設定者が取得する損害賠償請求権に物上代位すればよいため，抵当権に基づく損害賠償請求はできないのではないか。物上代位と抵当権に基づく損害賠償請求の関係について説明しなさい。

□ /	34.	**A**

不法占拠者に対する抵当権に基づく妨害排除請求が認められるための要件について説明しなさい。

29. 第三債務者保護説から（最判平10.1.30）＝抵当権者Xが優先する（債権譲渡は「払渡し又は引渡し」に含まれない）。
 ∵①差押えは第三債務者保護のためのものにすぎず，第三者との優劣関係は登記により決する。
 ②債権の譲受人が優先すると考えると執行妨害が容易にできてしまう。

30. 抵当権も物権である以上，交換価値の減少が認められる限り当然可能。

31. 価値減少だけでは足りず，被担保債権の弁済を受けられなくなることが必要。
 cf. 抵当権に基づく妨害排除請求は，交換価値の減少が認められれば可能。

32. A　弁済期後説（大判昭7.5.27）
 ∵①実行前でも，弁済期を経過すれば債務者の未弁済額が確定するのであるから，弁済不足額を算定することも可能。
 ②実行時まで待つ必要があるとすると，抵当権者保護に欠ける。
 B　実行時説
 ∵不動産の値段の上下などの事情は，実行時にならなければ，損害額は算定できない。

33. 判例（最判昭45.7.16参照）＝物上代位のほか，抵当権に基づく損害賠償請求も可能（競合する）。
 ∵物上代位には，差押え等の手続が必要。

34. 判例（最大判平11.11.24）－抵当不動産の交換価値の実現が妨げられ抵当権者の優先弁済請求権の行使が困難となるような状態があるときには，占有の排除を肯定する。
 ∵①誰が占有するかで，本来目的物の担保価値が異なることはないが，競売妨害を目的としているような場合には，担保価値の下落が認められる。
 ②抵当権が非占有権であるということは，抵当権者が設定者の使用収益権能を妨げ得ないことを意味するにすぎず，その占有態様による担保価値の低下を受忍すべきことを意味しない。

3
担保物権

☐ /	**35.**	**A**	賃借人のような占有権原ある者に対する抵当権に基づく妨害排除請求が認められるための要件について説明しなさい。

☐ /	**36.**	**A**	抵当権に基づく妨害排除請求において，抵当権者自身への明渡請求をすることの可否について説明しなさい。

☐ /	**37.**	**A**	法定地上権の趣旨について説明しなさい。

☐ /	**38.**	**A**	法定地上権（388前段）が成立するための要件について説明しなさい。

☐ /	**39.**	**A**	更地に抵当権を設定した場合，法定地上権（388前段）が成立するかについて説明しなさい。

☐ /	**40.**	**B**	抵当権設定時には土地・建物の所有が別人であったが，競売時には同一人に帰属している場合，法定地上権（388前段）が成立するかについて説明しなさい。

☐ /	**41.**	**B**	抵当権設定時には土地・建物の所有が同一人であったが，競売時には別人に帰属している場合，法定地上権（388前段）が成立するかについて説明しなさい。

35. 判例（最判平17.3.10）＝抵当不動産の**交換価値**の実現が妨げられ抵当権者の**優先弁済請求権**の行使が困難となるような状態に加え，**競売妨害目的**も認められる場合には，抵当権に基づく明渡請求をすることができる。
    ∵**使用収益権**保護の観点＋本来であれば395条によって6か月間は占有できるはずであるから，不法占拠者との関係以上に厳格な要件を設けるべきである。

36. 抵当権の**非占有権**としての性質から，本来は，抵当権者自身への明渡請求は認められない。
    もっとも，不法占拠者，賃借人いずれとの関係においても，一定の場合（抵当不動産を適切に維持・管理することが期待できない場合）には，抵当権者自身への明渡請求も肯定されている。

37. 競売によって土地所有者と建物所有者が別人になることに伴う**不都合を回避**すること。

38. ①土地建物が抵当権設定当時**同一人所有**であること，
    ②抵当権設定当時，**建物が存在**していること，
    ③土地又は建物の一方又は双方に抵当権が設定されていること，
    ④競売によって土地・建物の所有者が異なるに至ったことである。

39. 判例（最判昭44.2.27）＝法定地上権**不成立**。
    cf. 抵当権者が建物の建築予定を知っていた場合も同様（最判昭36.2.10（ただし，抵当権者が，更地としての担保価値を把握していたとされる事案），最判昭47.11.2，最判昭51.2.27）。
    ∵①法定地上権の成否は**明確**であるべき。
    　②仮に法定地上権の成立を認めると**土地の競落人**を害する。

40. 判例（最判昭44.2.14）＝法定地上権**不成立**。
    ∵混同によって消滅しそうだが，例外的に消滅しない（179 I ただし書（類推））。

41. 判例（大連判大12.12.14）＝法定地上権**成立**。

3

担保物権

☐ / ☐ / ☐ /	42. Ⓑ	非堅固建物を堅固建物に建て替えた場合，法定地上権（388前段）が成立するかについて説明しなさい。
☐ / ☐ / ☐ /	43. Ⓑ	土地建物に共同抵当権を設定後，建物が再築された場合，法定地上権（388前段）が成立するかについて説明しなさい。
☐ / ☐ / ☐ /	44. Ⓑ	二番抵当権設定時にのみ要件を満たす場合，法定地上権（388前段）が成立するかについて説明しなさい。
☐ / ☐ / ☐ /	45. Ⓑ	土地がＡの単独所有，建物がＡＢの共有であるところ，Ａが建物の持分に抵当権を設定，これが実行されてＣが競落した場合，法定地上権（388前段）が成立するかについて説明しなさい。
☐ / ☐ / ☐ /	46. Ⓑ	土地がＡの単独所有，建物がＡＢの共有であるところ，Ａが土地に抵当権を設定，これが実行されてＣが競落した場合，法定地上権（388前段）が成立するかについて説明しなさい。
☐ / ☐ / ☐ /	47. Ⓑ	建物がＡの単独所有，土地がＡＢの共有であるところ，Ａが建物に抵当権を設定，これが実行されてＣが競落した場合，法定地上権（388前段）が成立するかについて説明しなさい。
☐ / ☐ / ☐ /	48. Ⓑ	建物がＡの単独所有，土地がＡＢの共有であるところ，Ａが土地の持分に抵当権を設定，これが実行されてＣが競落した場合，法定地上権（388前段）が成立するかについて説明しなさい。

42. 判例（大判昭10.8.10，最判昭52.10.11）＝抵当権者の利益を害しないと認められる特段の事情がない限り，旧建物を基準とする法定地上権の成立が認められる。

　　ただし，現在の借地借家法では，「非堅固・堅固」を区別していないので，「旧建物を基準として」という部分はあまり意味がない。

43. 判例（最判平9.2.14）＝原則として法定地上権は成立しないが，新建物にも同順位の抵当権の設定を受けた等の事情があれば，成立する（ただし，建物について抵当権に優先する債権が存在している場合を除く，最判平9.6.5）。

　　∵①抵当権者は更地としての価値を把握しようとしている。
　　　②執行妨害を安易に許すおそれ。

44. 判例＝土地に抵当権が設定されている場合は原則として不成立（最判平2.1.22），建物に抵当権が設定されている場合は成立（大判昭14.7.26，最判昭53.9.29）。

　　∵一番抵当権者の保護。

45. 法定地上権が成立する。

　　∵法定地上権が成立したほうがBCには利益になる一方，土地所有者のAとしては自分で抵当権を設定しているのだから，法定地上権の成立を覚悟できる。

46. 法定地上権は成立する（最判昭46.12.21）。

　　∵法定地上権が成立したほうがBには利益になる一方，競落人Cにとっては抵当権設定当時に建物が存在していることから，法定地上権の成立を覚悟できる。

47. 他の土地共有者が抵当権を設定した者に共有土地の処分を委ねていたとみられる特段の事情が無い限り，法定地上権は成立しないが，CはAがBに持っていた土地利用権を主張できる（最判昭44.11.4）。

　　∵Bにとっては法定地上権が成立すると不利益。

48. 他の土地共有者が抵当権を設定した者に共有土地の処分を委ねていたとみられる特段の事情が無い限り，法定地上権は成立しない（最判昭29.12.23）。

　　∵AC間の関係は建物に抵当権を設定した場合と同様。

□ /	49.	**B**	譲渡担保の対抗要件について説明しなさい。

□ /	50.	**A**	譲渡担保（債権担保のために物の所有権（あるいはその他の財産権）を法形式上債権者に譲渡して信用授受の目的を達する制度）の法律構成のうち，所有権的構成の内容について説明しなさい。

□ /	51.	**A**	譲渡担保（債権担保のために物の所有権（あるいはその他の財産権）を法形式上債権者に譲渡して信用授受の目的を達する制度）の法律構成のうち，担保的構成の内容について説明しなさい。

□ /	52.	**B**	譲渡担保権者による弁済期前の譲渡の効力について説明しなさい。

□ /	53.	**B**	譲渡担保設定者による弁済期前の譲渡の処理について説明しなさい。

□ /	54.	**A**	倉庫の中のパソコン全てに譲渡担保を設定するような場合，譲渡担保の目的物をどのように考えるべきかについて説明しなさい。

49. ア　動産
引渡しによる（目的物の占有は債務者の下にあるため，占有改定の方法が取られる（183））。
公示方法として不完全であるが，譲渡担保に供されていることを知らずに目的物を取得した第三者は，通常即時取得する。
イ　不動産
登記（譲渡担保を登記原因とする所有権移転登記が認められている）。

50. 所有権的構成（信託譲渡説）＝所有権は譲渡担保権者に移転すると解した上で，譲渡担保権者はその所有権を担保の目的以外には行使しないという義務（債権的拘束）を設定者に対して負う。
∵譲渡担保設定契約が，目的物の所有権を譲渡担保権者に移転する形式を採る以上，その形式を重視すべき。

51. 担保的構成＝譲渡担保は担保権の設定にすぎず，所有権は依然として設定者（債務者）に帰属している。
∵設定者と担保権者は，譲渡担保設定契約を債権担保の目的で締結している。

52. A　所有権的構成から＝譲渡は有効であり，債権者が債務者に対し，債務不履行責任を負うのみ。
B　担保的構成から＝譲渡は無効（一種の他人物売買となる）となり，第三者は即時取得の要件を満たさない限り，所有権を取得できない。

53. 所有権的構成から＝設定者を起点とした二重譲渡類似の関係になる。
①譲渡担保権者が対抗要件を備えている場合には，譲渡担保権者が優先し，第三者は即時取得（又は94Ⅱ類推）の要件を満たさない限り所有権を取得できないことになり，
②譲渡担保権者が対抗要件を備えていない場合には，対抗要件を先に備えた者が優先する。
担保的構成から＝第三者は譲渡担保権の負担の付いた所有権を取得することとなるが，即時取得（又は94Ⅱ類推）の要件を満たした場合には担保権の負担のない所有権を取得できる。

54. 判例（最判昭54.2.15）＝全体につき1つの譲渡担保権が成立すると考える（集合物論）。
∵当事者意思。

3
担保物権

□ /	**55.**	Ⓑ

集合物論（全体につき1つの譲渡担保権が成立するとする考え）を採用することは一物一権主義に反しないかについて説明しなさい。

□ /	**56.**	Ⓑ

集合物論を採用する場合，対抗要件をどのように考えるべきかについて説明しなさい。

□ /	**57.**	Ⓑ

業者が集合物譲渡担保に供した倉庫の中のパソコンを譲渡した場合，譲渡担保権者と譲受人の関係について説明しなさい。

□ /	**58.**	Ⓑ

業者が集合物譲渡担保に供した倉庫の中のパソコンを譲渡したところ，それが通常の営業の範囲外だった場合，譲渡担保権者と譲受人の関係について説明しなさい。

□ /	**59.**	Ⓑ

集合物譲渡担保に基づく物上代位が認められるかについて説明しなさい。

□ /	**60.**	Ⓑ

AはBに対して，自己の有する倉庫内のパソコンを集合譲渡担保に供し，占有改定の方法で引渡しを行った。一方，CはAに対して，パソコンを売却し，当該倉庫内に搬入した。Bの譲渡担保権とCの動産売買先取特権はどちらが優先するか。

55.　一物一権主義に反しない。
　　　ただし，集合物の範囲をその種類・所在場所及び量的範囲を指定する形で特定することが必要（最判昭54.2.15，最判昭62.11.10）。
　　　∵①集合物論をとれば，形式的には一「物」一権主義に反しない。
　　　　②一物一権主義の趣旨は，ⓐ通常は数個の物の上に一個の物権を設定するだけの必要性がないこと，ⓑ数個の物に一個の物権を認めても，その公示が困難であることにある。
　　　　ⓐ集合物の譲渡担保化には必要性があり，ⓑ集合物全体について占有改定により公示方法を講じることも可能である。

56.　占有改定の方法により，集合物について対抗要件が具備され，構成部分が変動したとしても，集合物としての同一性が損なわれないかぎり，新たにその構成部分となった動産を包含する集合物について及ぶ（最判昭62.11.10）。

57.　判例（最判平18.7.20）＝通常の営業の範囲内であれば，譲受人が確定的に（譲渡担保権の負担のない）所有権を取得する。
　　　∵集合物の内容が譲渡担保設定者の営業活動を通じて当然に変動することが予定されているのであるから，譲渡担保設定者には，その通常の営業の範囲内で，譲渡担保の目的を構成する動産を処分する権限が付与されている。

58.　判例（最判平18.7.20）＝譲渡担保契約に定められた保管場所から搬出されるなどして当該譲渡担保の目的である集合物から離脱したと認められる場合でない限り，相手方は目的物の所有権を承継取得することはできない（法的構成は不明）。

59.　判例は，集合物譲渡担保権に基づく物上代位について，譲渡担保権が価値を担保として把握するものであるとしてこれを肯定しつつ，譲渡担保権設定者が「通常の営業を継続」している場合には，直ちに物上代位権を行使することができる旨が合意されているなどの特段の事情がない限り，物上代位権を行使することができないとした（最決平22.12.2）。

60.　判例（最判昭62.11.10）＝譲渡担保権が優先する。
　　　∵①「第三取得者」（333）には譲渡担保者も含む（所有権的構成？）。
　　　　②「引き渡し」（同条）は占有改定の方法も含まれる（大判大6.7.26）。

| | | 61. | **B** | 　所有権留保（売主が目的物の引渡しを終えつつ，代金が完済されるまで目的物の所有権を留保する制度）物件が土地上に残置されている場合に所有権留保権者が撤去義務や不法行為責任を負うかについて説明しなさい。 |

□ ／
□ ／
□ ／

| | | 62. | **B** | 　ディーラーXがサブディーラーAに中古自動車（登録済）を所有権留保付きで販売し（第1売買），AがこれをユーザーYに転売し，Yは代金を完済して引渡しを受けた（第2売買）。その後，AがXに代金を支払わないまま倒産したため，Xは，第1売買を解除した上で，Yに対し所有権に基づいて当該自動車の引渡しを請求した。この場合のXの権利行使の処理について説明しなさい。 |

□ ／
□ ／
□ ／

61. 　弁済期が到来するまでは，特段の事情がない限り，撤去義務や不法行為責任を負うことはないが，弁済期経過後は，留保された所有権が担保権の性質を有するからといって撤去義務や不法行為責任を免れることはない（最判平21.3.10）。

62. 判例（最判昭50.2.28, 最判昭57.12.17）＝Xの権利行使は，権利の濫用（1Ⅲ）に当たる。
　　∵①本来Xにおいて代金回収不能の危険を負担すべきであるにもかかわらず，Yに引渡しを請求することは，当該危険をYに転嫁するものである。
　　　②ユーザーは自らの利益のために代金を完済している。

4 債権総論

□ / 1. **A** 特定物債権の意義について説明しなさい。
□ /
□ /

□ / 2. **A** 特定物債権の特徴について説明しなさい。
□ /
□ /

□ / 3. **A** 不特定債権（種類債権）の意義について説明しなさい。
□ /
□ /

□ / 4. **A** 不特定債権（種類債権）の特徴について説明しなさい。
□ /
□ /

□ / 5. **A** 制限種類債権の意義について説明しなさい。
□ /
□ /

□ / 6. **A** 制限種類債権の特徴について説明しなさい。
□ /
□ /

□ / 7. **A** 特定（401Ⅱ）の意義について説明しなさい。
□ /
□ /

□ / 8. **A** 特定（401Ⅱ）の趣旨について説明しなさい。
□ /
□ /

4 債権総論

1. 特定物（当事者がその取引でその物の個性に着目した物）の引渡しを目的とする債権。

2. ①債務者は善管注意義務を負う（400）。
②引渡前にその物が滅失すれば，履行不能となる。

3. 不特定物（当事者がその取引において個性に着目していない物）の引渡しを目的とする債権。

4. ①債務者は無限の調達義務を負う。
たとえ，引き渡そうとした物が滅失・損傷した場合でも，同種の物を調達する義務を負う（債務者の過失によって物が滅失・損傷したか否かは問わない）。
②善管注意義務は負わない。
③法律行為の性質又は当事者の意思によってその品質を定めることができないときは，中等の品質を有する物を給付しなければならないとされる（401 I）。

5. 種類物を給付すべき範囲に一定の制限が設けられている債権。

6. 無限の調達義務を負わない（その範囲の物が消滅すれば履行不能）。

7. 不特定物債権（種類債権）の目的が特定の物に定まること。

8. 不特定物債権（種類債権）は無限の調達責任を負うが，それでは債務者の責任が重すぎるため，一定の時期以降は債務者の調達義務を免除する。

| | | 9. | **A** | 種類債権の特定が認められるための要件について説明しなさい。 |

| | | 10. | **A** | 種類債権の特定が認められるための要件のうち，「債務者が物の給付をするのに必要な行為を完了」したこと（401Ⅱ前段）の意義について，持参債務と取立債務に分けて説明しなさい。 |

| | | 11. | **B** | 「債務者が物の給付をするのに必要な行為を完了」すると種類債権の特定が認められるところ（401Ⅱ前段），契約不適合物について目的物を選定して引き渡した場合，特定があったといえるかについて説明しなさい。 |

| | | 12. | **B** | AとBは，Bが入荷するビールを売買する契約を締結し，AはBからの連絡が入り次第ビールを取りにいくことにした。Bはビールを入荷したので，これを取り分けた上梱包し，Aに準備ができたので取りに来て欲しい旨連絡した。しかし，その後Bの帰責事由によってAに引き渡すはずのビールが全て割れてしまった。
　Bは代わりの物を引き渡すという場合，この主張は認められるか。 |

| | | 13. | **B** | 債権侵害に対する不法行為の成否について説明しなさい。 |

---

9. 「債務者が物の給付をするのに必要な行為を完了」したこと（401Ⅱ前段），「債権者の同意を得てその給付すべき物を指定したとき」（401Ⅱ後段），当事者の合意である。

10. 債務者としてすべきことを行ったことをいい，持参債務の場合は現実の提供，取立債務の場合は目的物の分離・準備・通知で特定する（最判昭30.10.18）。

11. 判例（最判昭36.12.15参照）＝否定説。
　　∵特定は，債権の目的物をその物に限定し債務者の調達義務を善管注意義務（400）に軽減するものであるが，債務者が瑕疵ある物を提供したにすぎない場合，債務者の責任を軽減すべき理由はない。

12. 判例（大判昭12.7.7）＝特段の事情がない限り，債務者に変更権が認められる（特段の事情とは，債権者の反対の意思が明らかな場合，債権者に不利益を生じる場合等を指す）。
　　∵①Bに帰責事由があるので，AはBに対して債務不履行責任を追及できるが（損害賠償，解除），Bが代わりの物を引き渡す場合には，わざわざ債務不履行責任を追及させる必要はない。
　　　②特定は不特定物債権（種類債権）を履行するための手段にすぎない。

13. ①債権の帰属自体を侵害した場合
　　不法行為（709）が成立する。
　　②債権の目的たる給付を侵害し，かつ，債権を消滅させた場合
　　行為者が債権の存在を認識していれば，不法行為が成立する。
　　③事実行為によって債権の目的たる給付を侵害したが，債権は消滅しない場合
　　行為者が債権の存在を認識していれば，不法行為が成立する。
　　④取引行為によって債権の目的たる給付を侵害したが，債権は消滅しない場合
　　公序良俗違反の形態で，故意ある場合に限り，不法行為が成立する。
　　∵（①②③について）
　　　・債権にも不可侵性が認められる。
　　　・自由競争原理などは問題とならない。
　　（④について）
　　　自由競争の枠内にあるものは保護すべきである。

4 債権総論

□ /	**14.**	**A**	履行利益の意義について説明しなさい。
□ /			
□ /			

□ /	**15.**	**A**	信頼利益の意義について説明しなさい。
□ /			
□ /			

□ /	**16.**	**A**	債務不履行に基づく損害賠償請求（415）が認められるための要件について説明しなさい。
□ /			
□ /			

□ /	**17.**	**A**	債務不履行に基づく損害賠償請求（415）が認められるための要件のうち，「損害」の意義について説明しなさい。
□ /			
□ /			

□ /	**18.**	**A**	債務不履行に基づく損害賠償請求（415）が認められるための要件のうち，不履行の事実と損害の発生の間の因果関係の意義について説明しなさい。
□ /			
□ /			

□ /	**19.**	**B**	債務不履行に基づく損害賠償請求（415）の要件事実について説明しなさい。
□ /			
□ /			

14. 　債務不履行がなかったのであれば受けられたであろう利益をいう。

15. 　契約が有効であると信じたことによって被った損害をいう。

16. 　①不履行の事実，
　　②損害の発生及び数額，
　　③不履行の事実と損害の発生の間の因果関係，
　　④「債務の不履行が契約その他の債務の発生原因及び取引上の社会通念に照らして債務者の責めに帰することができない事由によるもの」（415Ⅰただし書）でないこと，
　　⑤不履行に違法性が認められることである。

17. 　債務不履行がなかったならば有したであろう財産と債務不履行がなされた現在の財産との差額をいう（差額説）。

18. 　債務不履行がなければ損害が生じなかったという関係（事実的因果関係）をいう。

19. 　債務の発生原因事実及びその不履行の事実，損害の発生及び額，特別事情にかかる債務者の予見可能性である。

4
債権総論

□ /   **20.** **A**   債務不履行に基づく損害賠償請求（415）の損害賠償の
□ /   範囲を定めた416条の法意について説明しなさい。
□ /

□ /   **21.** **A**   債務不履行に基づく損害賠償請求（415）の損害賠償の
□ /   範囲を定めた416条のうち，「当事者」（416Ⅱ）の意義に
□ /   ついて説明しなさい。

□ /   **22.** **B**   債務不履行に基づく損害賠償請求の損害賠償額の算定
□ /   時期について説明しなさい。
□ /

20.　A　相当因果関係説（大連判大15.5.22）
　　　　損害賠償制度の趣旨は当事者間の公平を図ることにあるから，無限に拡大するおそれがある損害のうち，賠償すべき損害を相当な範囲内に限る。
　　　　損害賠償の範囲は，現実に生じた損害のうち特有の損害を除いた，社会的にみて相当といえる因果関係の範囲に限定するべきであるとし，416条を以下のように解する。
　　Ⅰ　1項：相当因果関係の原則を定めたもの
　　　　通常事情（予見可能性不要）に基づく通常生ずべき（当該債務不履行から発生することが相当な）損害（通常損害）に限定
　　Ⅱ　2項：当事者が予見すべき場合に限り，特別事情に基づく通常生ずべき損害（特別損害）についても賠償責任を認めたもの
　　B　保護範囲説
　　　　保護範囲説は，損害賠償請求の範囲を事実的因果関係，保護範囲，金銭的評価の3段階に分類し，416条はそのうち，保護範囲を定めたものであるとする。
　　①事実的因果関係（条件関係）
　　　　「あれなければこれなし」の関係があるかによって判断する。
　　②保護範囲
　　　　契約締結時における両当事者が予見することができた損害（この立場は損害を事実であると捉える事実説を前提とする）が保護範囲に含まれる。
　　　　∵損害賠償は，両当事者の合意に基づく損害リスクの分配である。
　　③金銭的評価
　　　　債権者にできるだけ債務不履行の前と同じ経済的地位を回復させるように評価すべき。

21.　債務者に限定する（相当因果関係説より）（大判大7.8.27）。

22.　①原則
　　　→履行不能時の目的物の時価（416Ⅰ）。
　　②目的物の価格が騰貴しつつあるという特別の事情があり，かつ，履行不能時において，債務者がその特別の事情について予見可能性があった場合
　　　→騰貴した現在の価格（債権者がこれを他に処分すると予想したことは必ずしも必要でない。買主がその目的物を他に転売して利益を得るためではなくこれを自己の使用に供する目的でなした場合であっても同様）（416Ⅱ）。
　　③目的物の価格が一旦騰貴し（中間最高価格），その後下落した場合
　　　→最高価格の時に，転売その他の方法により，利益を確実に取得したであろうという事情についての債務者の予見可能性を立証すれば最高価格（416Ⅱ）。

| | | 23. | **B** | 債務不履行に基づく損害賠償請求（415）の損害賠償の範囲を定めた416条と損害回避義務論（債権者は，債務不履行があった場合，それによる損害の発生ないし拡大を防止するため，合理的な措置を執らなければならないという考え方）の関係について説明しなさい。 |

| | | 24. | **A** | 受領遅滞（413）の要件について説明しなさい。 |

| | | 25. | **B** | 受領遅滞（413）の効果について説明しなさい。 |

| | | 26. | **A** | 受領遅滞（413）の法的性質について説明しなさい。 |

| | | 27. | **B** | 受領遅滞（413）の効果の1つとして，受領義務が認められるかについて説明しなさい。 |

| | | 28. | **B** | 受領遅滞（413）の効果の1つとして，債務者からの解除・損害賠償請求が認められるかについて説明しなさい。 |

23. 判例は，債権者が合理的な措置を執らなかった場合には，「条理」上，損害回避措置を執ることが可能であったと解される時期以降のすべての損害を，「通常生ずべき損害」と解することはできないとしている（最判平21.1.19）。
∴債権者は，債務不履行の被害者であるが，契約の当事者として，可能であれば損害の拡大を防止し，最終的に相手方が負うべき損害賠償責任を軽くするための努力が求められる。

24. ①債務の本旨に従った履行の提供があること（＝弁済提供があること），
②債権者が受領を拒み，又は受領することができないことである。

25. (1) 弁済提供としての効果
ア　履行遅滞責任を免れる（492）。
イ　債権者の同時履行の抗弁を奪う。
(2) 受領遅滞としての効果
ア　特定物の引渡債務における善管注意義務が軽減（自己の財産に対するのと同一の注意で足りる）（413 Ⅰ）。
イ　増加費用は債権者の負担（413 Ⅱ）。
ウ　受領遅滞中の双方無責による履行不能→債権者の責めに帰すべき事由によるものとみなされる（413の2 Ⅱ→536 Ⅱ前段，543）。

26. A　法定責任説（最判昭40.12.3，最判昭46.12.16）＝公平の観点から，履行遅延から生ずる不利益を債権者に負担させることとした法定責任（債務者の責任を免れさせる制度）。
∴①債権はあくまで権利であって義務（債務）ではない。
②受領遅滞にある債権者の多くは，同時に自己の負う反対債務（代金支払債務）に関して履行遅滞に陥っており，その効果として，債務者は契約解除及び損害賠償が可能であるから，殊更債務不履行の特則とみる必要はない。
B　債務不履行説＝受領遅滞は一種の債務不履行→債務不履行責任の特則。
∴①債権者には債務者と協力して債権の目的を実現するという法律上の義務があり（受領義務），これを怠ることは一種の債務不履行。
②条文上，受領遅滞は弁済の提供とは別個に債務不履行の規定の中にある。

4

債権総論

27. 法定責任説から＝認められない（具体的な事案に応じて信義則を根拠に求める）。
債務不履行説から＝認められる。

28. 法定責任説から＝当然には認められない（具体的な事案に応じて，信義則を根拠に認める）。
債務不履行説から＝認められる。

□ /	29.	**A**	債権者代位権（423Ⅰ本文）が認められるための要件について説明しなさい。
□ /			
□ /			

□ /	30.	**B**	債権者代位権（423Ⅰ本文）の要件事実について説明しなさい。
□ /			
□ /			

□ /	31.	**A**	「登記又は登録をしなければ権利の得喪及び変更を第三者に対抗することができない財産を譲り受けた者は，その譲渡人が第三者に対して有する登記手続又は登録手続をすべきことを請求する権利を行使しないときは，その権利を行使することができる」（423の7前段）ところ，この場合以外にも非金銭債権保全のための債権者代位権（423Ⅰ本文）の行使は認められるかについて説明しなさい。
□ /			
□ /			

□ /	32.	**A**	BはAに土地を売却し，その代金の一部を受け取った後に死亡し，C・DがBを相続した。DはAから残代金の支払を受けることを望んだが，CはAへの移転登記義務の履行を拒否した。Aは移転登記を含めて土地の提供が完全になされるまでは代金を支払わない（533）と主張したが，Cに対して登記請求権を行使しようとしなかった。そこで，DはAに対する残代金請求権を被保全債権として，AのCに対する登記請求権の代位行使を請求した。この事例と債権者代位権（423Ⅰ本文）の要件の1つである無資力要件との関係について説明しなさい。
□ /			
□ /			

29.　ア　被保全債権についての要件
　　　①原則被保全債権が金銭債権であること（423Ⅰ本文），
　　　②被保全債権が弁済期にあること（423Ⅱ本文），
　　イ　債務者についての要件
　　　③債権保全の必要性があること（債務者の無資力）（423Ⅰ本文），
　　　④債務者自ら権利行使をしないこと，
　　ウ　代位行使される権利（被代位権利）に関する要件
　　　⑤一身専属権でないこと（423Ⅰただし書）である。

30.　被保全債権の発生原因事実，債務者の無資力，被代位権利の発生原因事実である。

31.　判例（大判明43.7.6）＝認められる。
　　転用の場合には，債務者の無資力は要件とならない。
　　　∵①社会的必要性がある。
　　　　②条文上，被保全債権の種類に制限がない。

32.　無資力要件は不要（最判昭50.3.6）。
　　　∵この場合，被保全債権は金銭債権であるが，責任財産保全とは無関係である。

□ ___/___ **33.** **A** 　424条1項本文に基づく詐害行為取消権（受益者に対す
□ ___/___ 　　　　　　　る詐害行為取消請求）が認められるための要件について
□ ___/___ 　　　　　　　説明しなさい。

□ ___/___ **34.** **B** 　424条1項本文に基づく詐害行為取消権（受益者に対す
□ ___/___ 　　　　　　　る詐害行為取消請求）の要件事実について説明しなさい。
□ ___/___

□ ___/___ **35.** **A** 　424条の2に基づく詐害行為取消権（債務者が相当の対
□ ___/___ 　　　　　　　価を得てした財産の処分行為）が認められるための要件
□ ___/___ 　　　　　　　について説明しなさい。

□ ___/___ **36.** **A** 　424条の3に基づく詐害行為取消権（特定の債権者に対
□ ___/___ 　　　　　　　する担保供与行為及び対価的均衡のとれた債務消滅行為
□ ___/___ 　　　　　　　（偏頗行為））が認められるための要件について説明しな
　　　　　　　　　　　さい。

□ ___/___ **37.** **A** 　424条の5に基づく詐害行為取消権（転得者に対する詐
□ ___/___ 　　　　　　　害行為取消請求）が認められるための要件について説明
□ ___/___ 　　　　　　　しなさい。

□ ___/___ **38.** **B** 　登記移転行為や債権譲渡通知といった対抗要件具備行
□ ___/___ 　　　　　　　為は詐害行為取消権（424Ⅰ本文）の対象となるかについ
□ ___/___ 　　　　　　　て説明しなさい。

33. ア　債権者側の要件
　　　①被保全債権が強制執行可能な債権（424Ⅳ）かつ金銭債権であること，
　　　②被保全債権が債務者の当該行為の前の原因に基づいて生じたものであること
　　　　（424Ⅲ），
　　イ　債務者側の要件
　　　③債権者にとって自己の債権を保全する必要があること（債務者の無資力），
　　　④その行為が債権者を害するものであること（詐害行為），
　　　⑤その行為が債権者を害することを債務者が知っていたこと（詐害意思），
　　ウ　受益者側の要件
　　　⑥受益者の悪意（424Ⅰただし書）である。

34.　被保全債権の発生原因事実，債務者が被保全債権の発生原因後に債務者の財産権を目的とする法律行為をしたこと，それが取消債権者を害すること，債務者の悪意，給付物の返還請求の場合は目的物の引渡し，登記抹消請求等をする場合には所有権登記の移転登記等，価額償還請求の場合には目的物の価額である。

35.　①隠匿等の処分をするおそれを現に生じさせるものであること，
　　②隠匿等処分意思，
　　③受益者の悪意である。

36.　①既存の債務についての担保供与行為及び偏頗行為（424の3Ⅰ柱書，Ⅱ柱書），
　　②支払不能又は非義務行為であって支払不能になる前30日以内に行われたものであること（424の3Ⅰ①，Ⅱ①），
　　③通謀的害意（424の3Ⅰ②，Ⅱ②）である。

37.　①受益者に対して詐害行為取消請求をすることができること（424の5柱書），
　　②転得者の悪意（424の5①）である。

38.　判例（登記移転行為について最判昭55.1.24，債権譲渡通知について最判平10.6.12）＝否定説。
　　∵①物権や債権の譲渡行為と，それらについての対抗要件具備行為とは別個の行為である。
　　②詐害行為取消権の対象となるのは，債務者の財産の減少を目的とする行為そのものである。

4
債権総論

□ /	**39.**	**B**	財産分与が詐害行為取消権の対象となるかについて説明しなさい。
□ /			
□ /			

□ /	**40.**	**B**	AがBに土地を売却した後に，Cにも同じ土地を売却し，Cへの移転登記手続を完了した場合（177により土地所有権につきCが優先），詐害行為取消権（424 I 本文）の行使にあたり，BのAに対する土地引渡請求権を被保全債権とすることができるかについて説明しなさい。
□ /			
□ /			

□ /	**41.**	**B**	AがBに土地を売却した後に，Cにも同じ土地を売却し，Cへの移転登記手続を完了した場合（177により土地所有権につきCが優先），詐害行為取消権（424 I 本文）を行使することは177条の趣旨に反しないかについて説明しなさい。
□ /			
□ /			

□ /	**42.**	**B**	AがBに土地を売却した後に，Cにも同じ土地を売却し，Cへの移転登記手続を完了した場合（177により土地所有権につきCが優先），詐害行為取消権（424 I 本文）の行使により債権者であるBの下への移転登記手続請求は認められるかについて説明しなさい。
□ /			
□ /			

□ /	**43.**	**B**	詐害行為取消権の効果について説明しなさい。
□ /			
□ /			

□ /	**44.**	**B**	詐害行為取消権の行使に対し，受益債権者は按分額の支払拒絶をすることができるかについて説明しなさい。
□ /			
□ /			

39.　判例（最判昭58.12.19，最判平12.3.9）＝原則として取消しの対象とならない
　　　が，768条3項の趣旨に照らして分与が不相当に過大であり，財産分与に仮託
　　　してされた財産処分であると認めるに足りるような特段の事情があれば，その
　　　部分について詐害行為となる。
　　　∵①詐害行為取消しの対象となるのは，原則として財産権を目的とする法律行
　　　　　為のみであって，身分行為は取消しの対象とならない（424Ⅱ）。
　　　　②分与が不相当に過大で債権者を害する場合は，財産分与に仮託した隠匿行
　　　　　為に他ならないため，その部分について詐害行為となる。

40.　判例（最大判昭36.7.19）＝詐害行為取消請求を認めうる。
　　　∵特定物債権も究極において損害賠償債権に変じ得る以上，債務者の一般財産
　　　　による担保が必要である点は金銭債権と変わりはない。

41.　同条の趣旨に反しない。
　　　∵177条と424条は要件効果を異にする別の制度である。

42.　不可（最判昭53.10.5）。
　　　∵①債務者の受領が観念できない。
　　　　②177条の趣旨を無にする。

43.　債権者は，対象となる行為の取消しだけではなく，債務者に返還するように請求
　　　することができ（424の6Ⅰ前段，Ⅱ前段），現物返還が困難な場合には価額償還
　　　請求が可能である（424の6Ⅰ後段，Ⅱ後段）。
　　　　また，金銭の支払又は動産の引渡しを求めるときには，債権者は，自己に対して
　　　その支払又は引渡しをすることを求めることができ（424の9Ⅰ前段），債権者に
　　　対して金銭の支払等をしたときは，その支払等をした受益者又は転得者は債務者に
　　　対してその支払又は引渡しをすることを要しない（424の9Ⅰ後段）。

44.　否定される（最判昭46.11.19）。
　　　∵①事実上受益者が優先弁済を受けてしまう。
　　　　②原状回復のためには返還・償還することが先履行になる（425の3）。

☐ ／ ☐ ／ ☐ ／	**45.**	Ⓑ	「債権者は，詐害行為取消請求をする場合において，債務者がした行為の目的が可分であるときは，自己の債権の額の限度においてのみ，その行為の取消しを請求することができる」（424の８Ⅰ）ところ，不動産のように目的物が不可分の場合，いかなる範囲で取り消すことができるかについて説明しなさい。
☐ ／ ☐ ／ ☐ ／	**46.**	Ⓐ	譲渡制限特約（当事者が債権の譲渡制限の意思表示をすること，466Ⅱ）の趣旨について説明しなさい。
☐ ／ ☐ ／ ☐ ／	**47.**	Ⓐ	譲渡制限特約が付された債権を譲渡した場合の効果について説明しなさい。
☐ ／ ☐ ／ ☐ ／	**48.**	Ⓐ	Ａは，Ｂ銀行に対して有する譲渡制限特約付の預金債権を同特約について悪意のＣに譲渡し，Ｂに確定日付ある通知をしたところ，Ｂがこの譲渡を承諾した。もっとも，その前にＡの債権者Ｄが同債権を差し押さえていた。ＣとＤのいずれが優先するか。
☐ ／ ☐ ／ ☐ ／	**49.**	Ⓑ	将来債権譲渡の有効性について説明しなさい。
☐ ／ ☐ ／ ☐ ／	**50.**	Ⓑ	将来債権譲渡の特定性について説明しなさい。
☐ ／ ☐ ／ ☐ ／	**51.**	Ⓑ	将来債権譲渡の対抗要件具備の方法について説明しなさい。

45.　原則として，債権額を超えて全部につき取り消して現物返還を請求することができるが（424の8反対解釈），現物返還が不可能又は著しく困難であり，また，それを認めることが債務者及び債権者に不当の利益を与える結果になり公平を欠くことになる場合には価額償還で処理される（424の6Ⅱ後段）。

46.　債務者には弁済する債権者を固定したいというニーズがある一方で，資金調達等のため，債権の流動化を促進すべきであることから，その調和を図ろうとすることにある。

47.　譲渡制限特約が付されていても，これによって債権の譲渡の効力は妨げられない（466Ⅱ）。
　　ただし，譲受人が譲渡制限特約について悪意又は重過失である場合には，債務者は，譲受人に対する債務の履行を拒むことができ，かつ，譲渡人に対する弁済等の債務消滅事由をもって譲受人に対抗することができる（466Ⅲ）。

48.　Dが優先する（最判昭52.3.17）＝Bの承諾により債権譲渡は譲渡時に遡って有効となる（対抗力も譲渡時に遡及する）が，第三者の権利を害することはできない（116ただし書類推，最判平9.6.5）。
　　∵譲渡制限特約の趣旨は債務者の保護にあるが，第三者との関係は別に考えるべき。

49.　ア　原則
　　　　将来発生すべき債権（将来債権）も，現在の時点において譲渡可能（466の6Ⅰ）。
　　　　譲渡契約の時に債権が現に発生していなくても，譲受人は，発生した債権を当然に取得する（466の6Ⅱ）。
　　イ　例外
　　　　将来債権譲渡が例外的に公序良俗違反によって無効となる場合がある（90）。

50.　発生原因となる取引の種類，発生期間，第三債務者，金額，弁済期などの諸事情を総合的に斟酌して判断する（最判平11.1.29，最判平12.4.21）。

51.　既発生の債権の譲渡と同様の方法で対抗要件を具備することができる（467Ⅰかっこ書）。

☐ /	52.	**B**	将来債権譲渡後に付された譲渡制限特約の効力について説明しなさい。
☐ /			
☐ /			

☐ /	53.	**B**	債権譲渡（466 I 本文）と債務者対抗要件（467 I）の要件事実（これに対する抗弁等を含む）について説明しなさい。
☐ /			
☐ /			

☐ /	54.	**A**	債務者に対する債権譲渡の対抗要件について説明しなさい。
☐ /			
☐ /			

☐ /	55.	**A**	第三者に対する債権譲渡の対抗要件について説明しなさい。
☐ /			
☐ /			

☐ /	56.	**A**	債権譲渡（466 I 本文）が二重にされ，両方とも確定日付のある通知（467 I Ⅱ）がされた場合の優劣の判断基準について説明しなさい。
☐ /			
☐ /			

52. (1) 債務者対抗要件が具備された後に譲渡制限特約が付されたとき
　　　　債務者は譲渡制限特約を譲受人に対抗することができない。
　　　　∵①譲受人は，譲渡の時点では譲渡制限特約の存在については常に善意であ
　　　　　　り，重過失もない。
　　　　　②実質的にも，将来債権が譲渡され，譲受人が対抗要件を具備した後は，
　　　　　　譲渡人は既に債権の処分権を実質的には失っているといえ，債務者と譲
　　　　　　渡人との間で譲渡制限特約を締結することはできない。
　　(2) 債務者対抗要件が具備される前に譲渡制限特約が付されたとき
　　　　譲受人は悪意であると擬制され，債務者は譲渡制限特約をもって譲受人に対
　　　抗することができる（466の6Ⅲ）。
　　　　∵債務者対抗要件の具備前に譲渡制限特約が付されたのであれば，その効力
　　　　　を譲受人にも対抗することができるとして，債務者の期待を保護するのが
　　　　　適切である。

53. 債権の発生原因事実及び債権譲渡の原因行為たる債権契約の成立が請求原因とな
　　る（原因行為説）。これに対して，債務者対抗要件が抗弁となり，債務者対抗要件
　　の具備が再抗弁となる。また，債務者が弁済済みの抗弁を主張した場合には，弁済
　　に先立つ債務者対抗要件の具備を再抗弁として主張することになる。

54. 債務者に対する通知又は債務者の承諾（467Ⅰ）。

55. 「確定日付のある証書」による「通知」，「承諾」を要するとした（467Ⅱ）。

56. A　確定日付説＝確定日付の先後をもって判断する。
　　　　∵①基準の明確性。
　　　　　②467条2項の趣旨は，当事者の通謀により譲渡の日時を遡らせることを
　　　　　　防ぐことにある。
　　　B　到達時説（最判昭49.3.7）＝通知が債務者に到達した日時の先後をもって
　　　判断する。
　　　　∵①通知の趣旨は，債務者による譲渡の認識を通じた公示にあるため，債務者
　　　　　の認識の先後を基準とすべき。
　　　　　②確定日付の趣旨＝譲渡人・債務者の通謀によって，譲渡の通知・承諾の日
　　　　　　時を遡らせて第三者の権利を害することを「可及的」に防止する。

4
債権総論

□ /	57.	**A**	債権譲渡（466Ⅰ本文）が二重にされ，両方とも確定日付のある通知（467ⅠⅡ）がされた場合の優劣の判断基準について到達時説を採った場合に通知が同時に到達した場合，債務者への請求をすることができるかについて説明しなさい。

□ /	58.	**A**	債権譲渡（466Ⅰ本文）が二重にされ，両方とも確定日付のある通知（467ⅠⅡ）がされた場合の優劣の判断基準について到達時説を採った場合に通知が同時に到達した場合，債権者相互間の調整について説明しなさい。

□ /	59.	**B**	債権譲渡（466Ⅰ本文）と第三者対抗要件（467Ⅱ）の要件事実について説明しなさい。

□ /	60.	**B**	債務者は，債務者対抗要件具備時までに譲渡人に対して生じた事由をもって譲受人に対抗することができる（468Ⅰ）ところ，抗弁権の生じた時期について説明しなさい。

□ /	61.	**A**	債権譲渡（466Ⅰ本文）が二重にされ，劣後譲受人に弁済した場合に，その弁済が有効となるかについて説明しなさい。

□ /	62.	**A**	「譲渡人に対して生じた事由」（468Ⅰ）の意義について説明しなさい。

57.　判例（最判昭55.1.11）＝両者とも全額を請求することができ，債務者はどちらかに支払えば免責される（一種の連帯債権と考える）。
　　∵①債務者との関係では通知が対抗要件。
　　　②債務者に債務を免れさせるべきではない。

58.　各譲受人間で調整すべきと考えるのが多数説（供託金還付請求権について，最判平5.3.30参照）。
　　∵一種の不当利得である（法律構成については争いあり）。

59.　債権の発生原因事実及び債権譲渡の原因行為たる債権契約の成立が請求原因となる（原因行為説）。これに対して，例えば，他の債権譲受人への弁済が抗弁となり，弁済に先立つ譲渡及び第三者対抗要件具備が再抗弁となる。さらに他の債権譲受人の弁済に先立つ第三者対抗要件の具備が再々抗弁となり，他の債権譲受人に先立つ第三者対抗要件具備が再々々抗弁となる。

60.　(1)　原則
　　　　債務者対抗要件具備時。
　　(2)　例外（468Ⅱ）
　　　ア　譲受人が悪意又は重過失者で，譲受人が債務者に対して履行催告をした場合（466Ⅳの場合）。
　　　　催告後，相当期間経過時。
　　　イ　譲渡人について破産手続開始決定があった場合（466の3の場合）。
　　　　譲受人の債務者に対する供託請求時。

61.　債務者は，決定した優劣に拘束されるため，劣後譲受人に弁済しても無効な弁済にすぎない（大連判大8.3.28）。
　　ただし，劣後譲受人に弁済した場合，表見受領権者への弁済として保護される可能性がある（478）。
　　※表見受領権者への弁済として保護されるためには，善意無過失である必要があるが，優先譲受人の債権譲受行為又は対抗要件に瑕疵があるためその効力を生じないと誤信してもやむを得ない事情があるなど劣後譲受人を真の債権者であると信ずるにつき相当な理由がある場合に無過失といえるとした判例（最判昭61.4.11）がある。

62.　判例（最判昭42.10.27参照）＝既発生の抗弁や抗弁権の発生原因にとどまらず，抗弁権発生の基礎となる事由も含まれる。
　　∵通知によって債務者を不利益な地位に置くのは不当である。

☐ / ___ ☐ / ___ ☐ / ___	**63.**	**B**	債務者は譲受人が債務者対抗要件が具備されるよりも前に取得した譲渡人に対する債権をもって相殺することができるが，その場合，各債権の弁済期の先後は問題となるか。

☐ / ___ ☐ / ___ ☐ / ___	**64.**	**B**	債務者が譲受人が債務者対抗要件を具備した時点よりも後に取得した譲渡人に対する債権をもって相殺することができる場合について説明しなさい。

☐ / ___ ☐ / ___ ☐ / ___	**65.**	**A**	債務引受の種類について説明しなさい。

☐ / ___ ☐ / ___ ☐ / ___	**66.**	**A**	併存的債務引受（470）の要件について説明しなさい。

☐ / ___ ☐ / ___ ☐ / ___	**67.**	**A**	免責的債務引受（472）の要件について説明しなさい。

☐ / ___ ☐ / ___ ☐ / ___	**68.**	**A**	契約上の地位の移転（539の2）の意義について説明しなさい。

☐ / ___ ☐ / ___ ☐ / ___	**69.**	**A**	契約上の地位の移転（539の2）の要件について説明しなさい。

☐ / ___ ☐ / ___ ☐ / ___	**70.**	**A**	契約上の地位の移転（539の2）の効果について説明しなさい。

☐ / ___ ☐ / ___ ☐ / ___	**71.**	**A**	債権の消滅原因である弁済（473）の要件について説明しなさい。

63. 　各債権の弁済期の先後は問わない（469Ⅰ）。
　　∵債務者対抗要件具備時までに既に生じていた債権については，債務者に相殺
　　の期待が既に生じているため，自働債権と受働債権の弁済期の先後を問わず，
　　相殺権を行使することができる。

64. 　①その債権が，対抗要件の具備時よりも前の原因に基づいて生じたとき。
　　②その債権が，対抗要件の具備時よりも後の原因に基づいて生じたものであって
　　も，譲渡された債権の発生原因である契約に基づいて生じたとき。

65. 　併存的債務引受（470）と免責的債務引受（472）がある。

66. 　ア　引受人と債権者又は債務者との契約によって成立する（470Ⅱ，Ⅲ前段）。
　　イ　引受人と債務者との契約によって成立する場合には，その効力発生時期は，
　　債権者の承諾の時点である（Ⅲ後段）。

67. 　ア　引受人と債権者との契約によってすることができるが，その場合には，債権
　　者が債務者に通知をしなければ効力を生じない（472Ⅱ）。
　　イ　債務者と引受人との契約によってすることもできるが，債権者の承諾が必要
　　になる（同Ⅲ）。

68. 　債権者としての地位，債務者としての地位を包括した契約当事者としての地位の
　　承継を目的とする契約（539の2）。

69. 　契約の当事者の一方が第三者との間で自己の有する契約上の地位を譲渡する合意
　　をした場合において，その契約の相手方がその譲渡を承諾することである。

70. 　契約関係に伴う地位の全体が引受人に移転する。

71. 　①弁済の提供，
　　②債権者の受領（必要な場合）である。

☐　／
☐　／　　**72.** 🅱　債権の消滅原因である弁済（473）の要件事実について
☐　／　　　　　　　説明しなさい。

☐　／
☐　／　　**73.** 🅐　弁済の提供の趣旨について説明しなさい。
☐　／

☐　／
☐　／　　**74.** 🅐　弁済の提供の要件について説明しなさい。
☐　／

☐　／
☐　／　　**75.** 🅐　弁済の提供の効果について説明しなさい。
☐　／

☐　／
☐　／　　**76.** 🅐　表見受領権者に対する弁済（478）の要件について説明
☐　／　　　　　　　しなさい。

☐　／
☐　／　　**77.** 🅐　表見受領権者に対する弁済（478）の効果について説明
☐　／　　　　　　　しなさい。

☐　／
☐　／　　**78.** 🅱　Aは，C銀行に定期預金債権を有していたが，事情に
☐　／　　　　　　　より預金の名義はBとしていた。C銀行は，Bに対して
　　　　　　　　　　金銭を貸し付けるに当たって，同定期預金がBのもので
　　　　　　　　　　あると思い，同定期預金に質権を設定し，満期において
　　　　　　　　　　貸付債権と相殺する旨の相殺の予約をした。その後，貸
　　　　　　　　　　付金の満期が到来したため，C銀行は貸付債権と定期預
　　　　　　　　　　金債権を相殺した。この場合，定期預金の預金者は誰か
　　　　　　　　　　について説明しなさい。

72.　　債務の本旨に従った給付と，給付と債権の結び付きが必要である。

73.　　弁済に債権者の受領が必要な場合には，実際に債権者が受領しなければ債務は消滅しないが（弁済が完成しない），債権者の受領の有無によって債務者の責任が左右されるのは不当。

74.　原則（493本文）
　　　債務の本旨に従った提供（現実の提供）。
　　　例外（493ただし書）
　　　　ア　債権者が受領を拒んでいる場合，口頭の提供で足りる（準備＋通知）。
　　　　イ　履行に債権者の行為が必要な場合，口頭の提供で足りる（準備＋通知）。
　　　　ウ　債権者の受領拒絶の意思が明白な場合，口頭の提供すら不要（最大判昭32.6.5，ただし，債務者に弁済し得る経済状態は必要，最判昭44.5.1）。

75.　①履行遅滞責任を免れ（492），
　　　②相手方の同時履行の抗弁権を奪う（533）。

76.　①表見受領権者に対してされること，
　　　②弁済者が善意・無過失であること，
　　　③弁済がされたことである。

77.　　弁済として有効になる。

78.　Aである（出捐者説（客観説），最判昭32.12.19など）。
　　　∵①出資者保護。
　　　　②銀行は債権者が誰かについて利害関係をもたない。

☐ ／ ☐ ／ ☐ ／	**79.** **B** Aは，C銀行に定期預金債権を有していたが，事情により預金の名義はBとしていた。C銀行は，Bに対して金銭を貸し付けるに当たって，同定期預金がBのものであると思い，同定期預金に質権を設定し，満期において貸付債権と相殺する旨の相殺の予約をした。その後，貸付金の満期が到来したため，C銀行は貸付債権と定期預金債権を相殺した。この場合，出捐者が預金者であるとして，表見受領権者に対する弁済の規定（478）は適用されるかについて説明しなさい。
☐ ／ ☐ ／ ☐ ／	**80.** **B** Aは，C銀行に定期預金債権を有していたが，事情により預金の名義はBとしていた。C銀行は，Bに対して金銭を貸し付けるに当たって，同定期預金がBのものであると思い，同定期預金に質権を設定し，満期において貸付債権と相殺する旨の相殺の予約をした。その後，貸付金の満期が到来したため，C銀行は貸付債権と定期預金債権を相殺した。この場合，表見受領権者に対する弁済の規定（478）が類推適用されるとして，同規定の要件のうち善意無過失要件の基準時について説明しなさい。
☐ ／ ☐ ／ ☐ ／	**81.** **A** 債権の消滅原因である代物弁済（482）の要件について説明しなさい。
☐ ／ ☐ ／ ☐ ／	**82.** **B** 債権消滅の効果として主張する場合の代物弁済（482）の要件事実について説明しなさい。
☐ ／ ☐ ／ ☐ ／	**83.** **B** 目的物の所有権移転の効果として主張する場合の代物弁済（482）の要件事実について説明しなさい。
☐ ／ ☐ ／ ☐ ／	**84.** **A** 債権の消滅原因である相殺（505Ⅰ本文）の趣旨について説明しなさい。

79.　478条類推適用説（最判昭48.3.27，最判昭59.2.23）
　　　∵相殺と弁済は全く別の制度であるが，定期預金への担保設定・貸付・相殺予
　　　　約・相殺という銀行の一連の行為は，経済的機能の点では定期預金の期限前
　　　　払戻しと同視できる。

80.　貸付時（最判昭59.2.23）
　　　∵弁済と同視されるのは相殺時であるが，銀行は預金と相殺することを予定し
　　　　て貸し付けているから，貸付時における信頼を保護すべきである。

81.　①債権者と債務者の合意があり，
　　　②給付がなされることである。

82.　債務の弁済に代えて目的物の所有権を移転するとの合意がされたこと，当該合意
　　　の当時，その目的物を所有していたこと，その目的物の給付がされたこと，当該給
　　　付が当該合意に基づくことである。

83.　代物弁済により消滅する債務の発生原因事実，債務の弁済に代えて目的物の所有
　　　権を移転するとの合意がされたこと，債務者が当該合意の当時，その目的物を所有
　　　していたことである。

84.　①簡易決済，
　　　②無資力危険の公平な分担，
　　　③担保的機能にある。

□ /	**85.**	**A**	債権の消滅原因である相殺（505 I 本文）の要件について説明しなさい。
□ /			
□ /			

□ /	**86.**	**A**	債権の消滅原因である相殺（505 I 本文）の要件のうち，両債権が弁済期にあることについて，受働債権に弁済期がある場合の処理について説明しなさい。
□ /			
□ /			

□ /	**87.**	**B**	債権の消滅原因である相殺（505 I 本文）の要件のうち，相殺禁止に触れないことについて，「悪意による不法行為に基づく損害賠償の債務」の「債務者は，相殺をもって債権者に対抗することができない」（509 I ①）ところ，「悪意」の意義について説明しなさい。
□ /			
□ /			

□ /	**88.**	**A**	受働債権が差し押さえられた後に取得した自働債権による相殺を差押債権者に対抗することができるかについて説明しなさい。
□ /			
□ /			

□ /	**89.**	**B**	債権の消滅原因である相殺（505 I 本文）を抗弁として主張する場合の要件事実について説明しなさい。
□ /			
□ /			

85.　①相殺適状にあること，
　　　　ア「二人が互いに」債務を負担すること（505Ⅰ本文），
　　　　イ両債権が同種の目的を有すること（505Ⅰ本文），
　　　　ウ両債権が弁済期にあること（505Ⅰ本文），
　　　　エ債権の性質が相殺を許すものであること（505Ⅰただし書），
　　　②相殺禁止に触れないこと（505Ⅱ，509，510，511），
　　　③相殺の意思表示（506Ⅰ）である。

86.　受働債権に弁済期がある場合には，期限の利益の喪失（137）又は放棄によって弁済期が現実に到来していることをもって相殺適状にあるとすべき（最判平25.2.28）。
　　∵①505条1項の文理解釈。
　　　②受働債権の債務者がいつでも期限の利益を放棄することができることを理由に相殺適状を認めることは，同債務者が既に享受した期限の利益を自ら遡及的に消滅させることとなって相当でない。

87.　積極的に他人を害する意思をいう。

88.　対抗できない（511）。
　　∵受働債権の消滅→債務者への処分禁止の趣旨に触れる。

89.　自働債権の発生原因事実，相殺の意思表示である。

☐ ／
☐ ／　90.　**B**　　甲銀行は乙に対して定期預金を担保として金銭を貸し
☐ ／　　　　　　　　付けていた（α 債権）。5 月 1 日，乙の債権者丙は，乙の
　　　　　　　　　　　甲銀行に対する定期預金債権（満期 5 月 31 日，β 債権）
　　　　　　　　　　　を差し押さえ，転付命令を得た。そして，丙は甲銀行か
　　　　　　　　　　　ら金銭を借り入れていた（γ 債権）ため，この定期預金
　　　　　　　　　　　債権と相殺する旨の意思表示を 6 月 1 日に行った。これ
　　　　　　　　　　　に対して，甲銀行は，丙の差押え時に乙は貸金債務につ
　　　　　　　　　　　いての期限の利益を喪失し，相殺適状が生じたとして，
　　　　　　　　　　　貸金債権と定期預金債権を相殺する旨の意思表示を 6 月
　　　　　　　　　　　5 日に行った。この場合，どちらの相殺が優先するかに
　　　　　　　　　　　ついて説明しなさい。

☐ ／
☐ ／　91.　**A**　　保証の法的性質について説明しなさい。
☐ ／

☐ ／
☐ ／　92.　**A**　　保証契約（446 Ⅰ）の成立要件について説明しなさい。
☐ ／

☐ ／
☐ ／　93.　**A**　　主債務者に生じた事由が保証人に及ぶかについて説明
☐ ／　　　　　　　　しなさい。

☐ ／
☐ ／　94.　**A**　　保証人に生じた事由が主債務者に及ぶかについて説明
☐ ／　　　　　　　　しなさい。

☐ ／
☐ ／　95.　**B**　　保証契約（446 Ⅰ）に基づく保証債務履行請求の要件事
☐ ／　　　　　　　　実について説明しなさい。

90.　意思表示優先説（最判昭54.7.10）
　　　丙の相殺の意思表示が優先する。
　　　　∵①丙の（6月1日の）意思表示の時点で甲の（6月5日の）相殺の受働債権
　　　　　　が消滅し，相殺適状にないことになる。
　　　　　②511条1項を前提としても，転付債権者からの相殺を妨げるものではない。

91.　①個別独立性（主債務とは別個の債務），
　　　②同一内容性（主たる債務と同一内容の給付を目的），
　　　③付従性，
　　　　⑴保証債務は成立・存続・消滅において主債務と連動する。
　　　　⑵保証債務は主債務よりも重くてはならない。
　　　④随伴性（主たる債務が移転されるときにはこれとともに移転する），
　　　⑤補充性（主たる債務者がその債務を履行しない場合に，初めて自己の債務を履
　　　　行する責任を負う（446））。

92.　①主債務の存在，
　　　②保証契約，
　　　③書面性（446Ⅱ）である。

93.　原則として保証人に及ぶ。
　　　　∵付従性

94.　主債務の消滅に関する行為以外，主債務に影響を及ぼさない。

95.　①主債務の発生原因事実，
　　　②保証契約，
　　　③書面性である。

☐ ／
☐ ／　　**96.** Ｂ　保証債務は成立・存続・消滅において主債務と連動す
☐ ／　　　　　　　る（付従性）ところ，契約が解除された場合の原状回復
　　　　　　　　　　義務（545Ⅰ本文）は保証債務の範囲に含まれるかについ
　　　　　　　　　　て説明しなさい。

☐ ／
☐ ／　　**97.** Ｂ　特定物に関する売買契約において，買主の保証人はい
☐ ／　　　　　　　かなる範囲で保証債務を負うかについて説明しなさい。

☐ ／
☐ ／　　**98.** Ｂ　「保証人は，主たる債務者の委託を受けて保証をした場
☐ ／　　　　　　　合において，次に掲げるときは，主たる債務者に対して，
　　　　　　　　　　あらかじめ，求償権を行使することができる」（460柱書）
　　　　　　　　　　ところ，物上保証人にも事前求償権が認められるかにつ
　　　　　　　　　　いて説明しなさい。

96. 判例（特定物の売主の保証に関して，最大判昭40.6.30）＝保証の範囲に含まれる。
　　∵保証人は,主債務者が負担する一切の債務を保証する意思があるのが通常 (特定物の売主の保証の場合，通常，その契約から直接に生ずる売主の債務につき保証するというよりも，むしろ，売主の債務不履行に起因して売主が買主に対し負担する可能性がある債務につき保証する趣旨でなされる)。

97. ①代金支払債務のみ保証するという立場。
　　∵主債務が代替性の強い金銭（代金）支払債務であり，売主は保証人からその支払を受けて本来の目的を達成できるから，当事者の意思は原則として買主の代金支払債務だけを保証する趣旨と解しうる。
　　②原状回復義務（それが転化した価額償還義務）まで含めて保証していると解する立場（大阪地判昭52.3.24）。
　　∵買主のために保証をする場合においても，買主の代金支払債務のみを保証する趣旨の保証とみるべき場合は例外的な場合であって，一般的には買主の負担する一切の債務について保証をし，その契約の不履行によって相手方である売主に損害を被らせない趣旨のものと認めるべきである。

98. 事前求償権の否定（最判平2.12.18）。
　　∵①物上保証人は責任が限定されており，保護の必要性は低い。
　　②事前求償権は，委任関係から導かれる（委任契約に基づく事務処理費用の前払請求権（649））ものであるが，物上保証人が委託を受けたとしても，それは「担保の設定」についてのみであるから，弁済によって債務を消滅させることの委託までは含まれておらず，前払請求すべき「費用」を生じる余地がない。
　　③351条の文言。

4
債権総論

5 契約総論

☐ ／
☐ ／　　**1.**　**A**　甲は乙から乙所有の別荘を買い受ける契約を締結した
☐ ／　　　　　　　が，契約締結日の数日前に，この別荘は近所からの類焼
　　　　　　　　　で消失していた。この場合，甲はいかなる主張・請求が
　　　　　　　　　できるかについて説明しなさい。

☐ ／
☐ ／　　**2.**　**A**　歯科医院を開設したいというBがAに対して，「Aの所
☐ ／　　　　　　　有する建物に特殊な電気設備を施した上で売って欲しい」
　　　　　　　　　と言うので，Aはその電気設備を施して準備していた。
　　　　　　　　　しかし，契約日直前になってBが「契約できない」と言い，
　　　　　　　　　契約は不成立になった。この場合，AはBに対して電気
　　　　　　　　　設備にかかった費用を請求できるかについて説明しなさ
　　　　　　　　　い。

☐ ／
☐ ／　　**3.**　**A**　マンションの販売業者Xは，隣接地での眺望等を害す
☐ ／　　　　　　　る建物の建設があることを知っていたが，買主のYにこ
　　　　　　　　　れを伝えなかった。後日，同建物が建築され，眺望等が
　　　　　　　　　害されることとなった場合，Xにどのような義務がある
　　　　　　　　　といえるかについて説明しなさい。

5　契約総論

1.　①履行請求→不可（412の2Ⅰ），
　　②解除→可（542Ⅰ①），
　　③損害賠償請求→可（412の2Ⅱ，415Ⅰ・Ⅱ①，545Ⅲ）。

2.　相互に相手方の人格・財産を害しない信義則（1Ⅱ）上の義務に反すると認められる場合には，債務不履行責任としての損害賠償義務を認める。
　ただし，いまだ契約は成立していないので，
　①当事者間の交渉等が契約締結に向けての機縁的準備にとどまらず，社会通念上契約締結のための準備的段階に成熟したといえること。
　②契約の一方当事者が契約締結により利益を得ると信じ，かつ同契約締結のために準備に及ぶことが相当（あるいはやむ得ない）と判断されること。
　③契約の一方当事者がその通り信じ，かつ準備行為をすることについて，他方が明示又は黙示の言動によって誘因を与えたこと。
　④契約の一方当事者にかかる準備行為を防止すべき注意義務があり，かつ，その義務に違反したこと。
　の4つを基準に各ケースごとに慎重に判断していくことが必要。
　→契約交渉に至った経緯，契約当事者の関係，契約の種類，当事者の職業，社会的地位等の社会的信用度，契約締結のための先行行為の有無，契約内容の合意度，契約価格，契約内容に関する知識，経緯，その他当事者間の較差，契約締結を期待させるような当事者の言動や行動，書面の作成，交付等とその趣旨，契約締結の動機，取引慣行，契約締結時期の明示の有無などのファクターを考慮する。
　　∵契約関係にないから，不法行為に基づく損害賠償請求ができるのみであるのが原則であるが，契約準備段階にある当事者は信義則の支配する緊密な関係に入るため，信義則上の義務を観念することができる。

3.　下級審判例・通説＝信義則上の情報提供義務を認める。

□ ／
□ ／　　**4.**　**A**　被用者が仕事中に事故で怪我・死亡した場合，使用者
□ ／　　　にどのような義務があるといえるかについて説明しなさい。

□ ／
□ ／　　**5.**　**A**　同時履行の抗弁権（533本文）の趣旨について説明しなさい。
□ ／

□ ／
□ ／　　**6.**　**A**　同時履行の抗弁権（533本文）の要件について説明しなさい。
□ ／

□ ／
□ ／　　**7.**　**A**　同時履行の抗弁権（533本文）の効果について説明しなさい。
□ ／

□ ／
□ ／　　**8.**　**B**　契約の取消し（又は無効）に伴って，互いに原状回復
□ ／　　　請求権を有する場合（121の２Ⅰ），両請求権は同時履行
　　　　の関係に立つかについて説明しなさい。

□ ／
□ ／　　**9.**　**B**　土地の賃貸借契約終了時に，賃借人が建物買取請求権
□ ／　　　（借地借家法13Ⅰ）を行使した場合の処理について説明しなさい。

4. 安全配慮義務肯定説（最判昭50.2.25）＝使用者は，信義則（1Ⅱ）上，被用者の生命・身体の安全を保護する付随的義務（安全配慮義務）を負う。

　　∵ある法律関係に基づいて特別な社会的接触の関係に入った当事者間において，当該法律関係の付随義務として当事者の一方又は双方が相手方に対して信義則上負う義務として一般的に認められるところ，雇用契約における使用者の中心的債務は賃金支払義務であるが，被用者が労働を供給するに当たっての安全性は使用者側に依存している。

5. 当事者間の公平を図ることにある。

6. ①双務契約の当事者間に債務が存在すること（533本文），
　　②相手方の債務が弁済期にあること（533ただし書），
　　③相手方が自己の債務の履行（債務の履行に代わる損害賠償の債務の履行を含む）又はその提供をしないで履行を請求すること（533本文）である。

7. ①相手方が請求してきた場合でも，自分の債務の履行の拒絶ができる。
　　②自分の債務を履行しなくても履行遅滞（が違法）にならない（存在効果）（大判大14.10.29）。
　　③相殺（505）されない（大判昭13.3.1）。

8. A　肯定説（最判昭28.6.16，最判昭47.9.7，最判平21.7.17）
　　　∵①互いの原状回復義務は，一個の法律関係から生じているため，対価的牽連性を有する。
　　　　②当事者間の公平という趣旨は，この場合にも妥当する。
　　B　詐欺取消しの場合の欺罔行為者には，同時履行の抗弁の主張を認めないとする説
　　　∵295条2項類推。

9. 判例（大判昭18.2.18，最判昭35.9.20）＝建物の引渡し及び土地の明渡しと代金の支払が同時履行関係に立つ。
　　　∵①建物買取請求権を行使すると売買契約と同様の効果が発生するため，建物の引渡しと代金の支払は同時履行の関係になる。
　　　　②建物の引渡しを拒みつつ，土地の明渡しを行うことは物理的に不可能であるから，反射的に土地の明渡しも拒むことができる。

□ ／ 　**10.** **B** 　建物の賃貸借契約終了時に，賃借人が造作買取請求権
□ ／ 　　　　　　　（借地借家法33 I ）を行使した場合の処理について説明し
□ ／ 　　　　　　　なさい。

□ ／ 　**11.** **B** 　土地の売主甲が約定に従って移転登記手続債務にかか
□ ／ 　　　　　　　る履行の提供（債務の本旨に従った履行の提供）をしたが，
□ ／ 　　　　　　　買主乙が受領しなかった。その後，甲が乙に対して代金
　　　　　　　　　　の支払を請求する場合や，甲が契約を解除する場合に，
　　　　　　　　　　乙は同時履行の抗弁権を主張できるかについて説明しな
　　　　　　　　　　さい。

□ ／ 　**12.** **B** 　AがBに対して建物を売却し，Aの建物引渡債務が先
□ ／ 　　　　　　　履行とされた。しかし，Bは資力に不安があり，期日に
□ ／ 　　　　　　　なっても代金を支払うことが難しい。この場合のAの主
　　　　　　　　　　張の法的根拠について説明しなさい。

□ ／ 　**13.** **A** 　危険負担の意義について説明しなさい。
□ ／
□ ／

□ ／ 　**14.** **A** 　事情変更の原則の意義について説明しなさい。
□ ／
□ ／

10. 判例（大判昭7.9.30，最判昭29.7.22）＝造作の引渡しと代金の支払は同時履
行関係に立つが，建物の明渡しは同時履行関係に立たない。
∵①造作の引渡しと代金の支払は同時履行。
②造作だけ引き渡すことが可能であるし，造作の価値は低いため，建物の明
渡しと代金支払の同時履行関係を肯定すると，建物の明渡しが受けられな
い貸主の不利益が大きい。

11. Ⅰ　甲が乙に対して代金の支払を請求する場合
判例（最判昭34.5.14）＝主張可
∵①いったん履行の提供をした者がその後無資力となる場合もあり得るのに，
他方当事者（履行の提供を受けた者）が無条件に債務を履行しなければな
らないとするのは公平でない。
②売主が履行の提供をしたとしても債務を免れるわけではなく，債務は存続
するから，両債務の間の牽連関係は維持されるべき。
Ⅱ　甲が契約を解除する場合
判例（大判昭3.5.31，大判昭3.10.30）＝主張不可
∵①解除の場合は他方当事者の債務は消滅するのであり，同時履行の抗弁権を
否定しても無条件に債務を履行させることにはならないから，公平に反し
ない。
②契約関係が消滅する場面であり，両債権の牽連関係維持という要請は働か
ない。

12. 原則として，同時履行の抗弁権を行使することはできないが，信義則（1Ⅱ）上，
債務者は何らかの反対給付履行についての保証を要求でき，保証がないうちは履行
を拒める（東京地判昭58.3.3）。
∵当事者の公平。

13. 双務契約において，双方の各債務が完全に履行される前に，一方の債務が債務者
の責めに帰することができない事由によって履行が不能となった場合に，他方の債
務はいかなる影響を受けるのかという問題（存続上の牽連関係）。

14. 契約締結後，社会経済事情に当事者の予想しなかったような急激な変動があった
場合に，信義則（1Ⅱ）を根拠に契約の変更，修正，解除を請求できるとする原則。

| | | 15. | **B** | 事情変更の原則（契約締結後，社会経済事情に当事者の予想しなかったような急激な変動があった場合に，契約の変更，修正，解除を請求できるとする原則）の要件について説明しなさい。 |

☐ ／
☐ ／
☐ ／

| | | 16. | **A** | 催告による解除（541）の要件について説明しなさい。 |

☐ ／
☐ ／
☐ ／

| | | 17. | **B** | 抗弁として催告による解除（541）を主張する場合の要件事実について説明しなさい。 |

☐ ／
☐ ／
☐ ／

| | | 18. | **B** | 「債務の履行について期限を定めなかったときは，債務者は，履行の請求を受けた時から遅滞の責任を負う」（412Ⅲ）ところ，「履行の請求」（催告）と催告による解除（541）の要件である催告との関係について説明しなさい。 |

☐ ／
☐ ／
☐ ／

| | | 19. | **B** | 弁済の提供（492，493）を行い同時履行の抗弁権（533）を消滅させて初めて履行遅滞が違法になるところ，催告による解除（541）の要件である催告は弁済提供後に改めてする必要があるかについて説明しなさい。 |

☐ ／
☐ ／
☐ ／

| | | 20. | **A** | 催告によらず契約を全部解除（542Ⅰ）できる場合について説明しなさい。 |

☐ ／
☐ ／
☐ ／

15. ①事情の変更があったこと（契約締結後に契約の客観的基礎となっていた事情が変更すること），
②事情の変更が当事者に予見可能でなかったこと，
③事情の変更が当事者の責めに帰することのできない事情（戦争，大災害，インフレによる著しい対価関係の破壊，法令の変更等）により生じたこと，
④事情の変更により当初の契約内容に当事者を拘束することが信義則上著しく不当と認められることである。

16. ①債務の不履行（541本文），
②相当期間を定めた催告（541本文），
③相当期間の経過（541本文），
④解除の意思表示（541本文），
⑤履行遅滞が違法であること，
⑥不履行が軽微でないこと（541ただし書），
⑦債権者の責めに帰すべき事由によらないこと（543）である。

17. ①債務の不履行の事実，
②催告，
③相当期間の経過，
④解除の意思表示である。

18. 判例（大判大6.6.27）＝不要説（412条3項の催告と541条の催告は兼ねることができる）。
　∵①催告の趣旨は，相手方に対して履行をするか否かの最後の考慮の機会を与えることにあり，一度行えば十分。
　　②履行遅滞は解除の要件であって，催告をするための要件ではない。

19. 不要説（弁済提供と同時にすればよい，最判昭36.6.22）。

20. ①履行不能の場合（542Ⅰ①），
②債務者が履行を明確に拒絶した場合（542Ⅰ②），
③債務の一部履行不能又は債務者の一部履行拒絶の場合において，債務の残存する部分のみでは，契約目的を達成することができないとき（542Ⅰ③），
④定期行為の場合（542Ⅰ④），
⑤その他，契約目的の達成に足りる履行の見込みがない事情がある場合（542Ⅰ⑤）である。

☐ ／ ☐ ／ ☐ ／	**21.**	**B**	催告によらず契約を一部解除（542Ⅱ）できる場合について説明しなさい。

☐ ／ ☐ ／ ☐ ／	**22.**	**A**	複数の契約を締結したところ，一方の契約に不履行があるとき，契約の全体を解除することができるかについて説明しなさい。

☐ ／ ☐ ／ ☐ ／	**23.**	**A**	解除不可分の原則について説明しなさい。

☐ ／ ☐ ／ ☐ ／	**24.**	**B**	共同賃貸人から解除する場合，共有物の管理は持分の過半数をもって決する旨を定める252条1項前段と544条1項のどちらが優先するかについて説明しなさい。

☐ ／ ☐ ／ ☐ ／	**25.**	**A**	解除の効果の法的性質について説明しなさい。

☐ ／ ☐ ／ ☐ ／	**26.**	**B**	「当事者の一方がその解除権を行使したときは，各当事者は，その相手方を原状に復させる義務を負う。ただし，第三者の権利を害することはできない」（545Ⅰ）ところ，545条1項ただし書の趣旨について説明しなさい。

☐ ／ ☐ ／ ☐ ／	**27.**	**A**	545条1項ただし書の「第三者」として保護されるためには，登記を備える必要があるかについて説明しなさい。

21. ①債務の一部が履行不能の場合，その部分の一部解除ができる（542Ⅱ①）。
②債務の一部について履行を拒絶している場合，履行拒絶されている部分の一部解除ができる（542Ⅱ②）。

22. 判例（最判平8.11.12）＝目的が相互に密接に関連付けられていて，社会通念上，いずれかが履行されるだけでは，契約を締結した目的が全体としては達成されないと認められる場合には，契約の全体を解除することができる。

23. 法律関係を複雑にすることを防ぐため，当事者の一方が数人ある場合における契約の解除は，その全員から又はその全員に対してのみ，することができるとする原則（544Ⅰ）。

24. A　252条1項前段優先適用説（最判昭39.2.25）。
　　∵共有物に関する特則である252条1項前段を優先すべき。
　　B　意思決定は過半数で行ったとしても，意思表示は全員で行うべき（544類推）とする説。

25. A　直接効果説（大判大6.10.27，大判大8.4.7）＝取消しと同様遡及的無効。
　　∵①解除の趣旨は，解除権者を双務契約の法的拘束から解放して契約締結前の状態を回復させるものであるから，遡及的無効とするのが簡明。
　　②民法は，将来効となるケースを個別的に規定している（620など）。
　　B　間接効果説（学説）＝解除の効果は将来効となり，未履行債務については履行拒絶の抗弁権が生じ，既履行債務については新たな原状回復義務が生じる。
　　∵解除は，取消しと異なり，契約成立後の契約違反を理由とするものである。

26. 直接効果説＝第三者保護のため遡及効を制限したもの。
間接効果説＝契約の効力は解除によって影響を受けないから，当然のことを規定したにすぎない（注意規定）。

27. 登記を備える必要あり。
登記は，対抗要件と解する立場と権利保護要件と解する立場がある。

□ ／
□ ／　　28.　**B**　　売買目的物（契約不適合あり）が引き渡され，代金が
□ ／　　　　　　　　完済された後に，買主Bのところで，Bの過失によらず，
これが滅失した（売主Aの過失もなかったものとする）。
なお，目的物の客観的な価値を100万円，代金額を200万
円とする。この場合，Bが目的物の契約不適合を理由と
して解除権を行使すると，原状回復義務はどのようにな
るのかについて説明しなさい。

28.　　目的物の返還が不可能になった買主も原状回復義務としての<u>客観的な価値返還義</u><u>務</u>を負うため，Aは<u>200万円の返還義務</u>を負い，Bは<u>100万円の返還義務</u>を負う（そ
れぞれ相殺が可能）。

　　∵原状回復は契約の清算の場面であるから，<u>客観的価値の返還</u>がその債務の内容
　　となる。

6 契約各論

□ / 　1.　**B**　　売買契約（555）に基づく代金支払請求又は目的物引渡
□ / 　　　　　　　請求の要件事実について説明しなさい。
□ /

□ / 　2.　**A**　　他人物売買の有効性について説明しなさい。
□ /
□ /

□ / 　3.　**B**　　他人物売買（561）に関し，真の権利者が他人物売買を
□ / 　　　　　　　追認した場合の処理について説明しなさい。
□ /

□ / 　4.　**B**　　他人物売買（561）において，他人物売主又は所有者に
□ / 　　　　　　　相続が生じた場合の処理について説明しなさい。
□ /

□ / 　5.　**A**　　契約不適合責任の効果について説明しなさい。
□ /
□ /

□ / 　6.　**A**　　契約不適合責任における「種類，品質」「に関して契約
□ / 　　　　　　　の内容に適合しないものであるとき」の意義について説
□ / 　　　　　　　明しなさい。

□ / 　7.　**A**　　契約不適合責任における「数量」「に関して契約の内容
□ / 　　　　　　　に適合しないものであるとき」の意義について説明しな
□ / 　　　　　　　さい。

□ / 　8.　**B**　　契約不適合責任の1つとして代金減額請求権が認めら
□ / 　　　　　　　れるところ（563 I II），目的物が契約内容に比して過剰
□ / 　　　　　　　であった場合に，売主からの代金増額請求を認めること
　　　　　　　　　ができるかについて説明しなさい。

6　契約各論

1.　　財産権の移転約束（目的物の特定）及び代金額（又は代金額の決定方法）である。

2.　　他人の権利を売買の目的とした場合でも，売買契約は有効（561）。

3.　　処分権限が追完され，116条類推適用により，処分時に遡って効力を生じる（最判昭37.8.10）。

4.　　無権代理と相続の場合と同様に処理をし，無権代理人に当たる人が負う責任が債務不履行責任になる（最大判昭49.9.4）。

5.　　追完請求権（562Ⅰ本文），代金減額請求権（563ⅠⅡ），損害賠償請求権（564，415），解除権（564，541，542）。

6.　　物質面での欠点だけでなく，それ以外のもの（環境瑕疵，心理的瑕疵，法令上の制限（最判昭41.4.14））も含まれる。

7.　　売買契約の当事者が当該契約のもとで「数量」に特別の意味を与え，それを基礎として売買がされた場合（最判昭43.8.20参照）。

8.　　563条を類推して肯定する見解もあるが，判例（最判平13.11.27）は否定する。ただし，当事者の契約内容の解釈から認められる場合もある。

☐ /	9.	**B**	土地賃借権付きの建物の売買をしたところ，土地に地盤沈下があった。この場合，目的物の品質に関する契約不適合として，買主は売主に対して担保責任を追及することができるか。

☐ /	10.	**B**	「引き渡された目的物が種類，品質又は数量に関して契約の内容に適合しないものであるときは，買主は，売主に対し，目的物の修補，代替物の引渡し又は不足分の引渡しによる履行の追完を請求することができる」（562 I 本文）ところ，土地地上権付きの建物の売買をしたものの土地に地盤沈下があった場合，「品質」「に関して契約の内容に適合しないものであるとき」に当たるかについて説明しなさい。

☐ /	11.	**B**	住宅建築のために土地を購入したところ，建築制限があり建物を建てられなかった。これは，品質に関する契約不適合，権利に関する契約不適合のいずれに該当するか。

☐ /	12.	**A**	契約不適合責任の責任追及の権利行使期間について説明しなさい。

☐ /	13.	**B**	契約不適合責任の責任追及に関する権利行使期間の制限が適用されない要件である「買主がその不適合を知った時」（566）の意義について説明しなさい。

☐ /	14.	**B**	契約不適合責任の責任追及に関する権利行使期間の制限を免れるための「通知」の意義について説明しなさい。

9.　　否定説（最判平 3.4.2）
　　　∵①売買の目的は建物と賃借権であり，土地ではない（賃借権は，賃貸人の履行を通じて賃借物を使用収益し得る債権にすぎない）。
　　　②土地の瑕疵についての責任は賃貸人に追及すべきであり，敷地の欠陥をもって賃貸人に対する債権としての賃借権の欠陥ということはできないし，賃貸人が無資力であったとしても，それは債権の売主（旧賃借人）が当然に担保するものではない（569参照）。

10.　　①地上権は設定者を介することなく，直接土地を使用する物権であるため，使用できなければ品質の契約不適合といってよいし，②土地の所有者（地上権の設定者）は責任を負うのみで修繕責任を負わないため，土地地上権付きの建物の売買をしたものの土地に地盤沈下があった場合，「品質」「に関して契約の内容に適合しないものであるとき」に当たる。

11.　　A　品質に関する契約不適合とする説（最判昭41.4.14）
　　　∵行政法規による土地の利用制限は，売主にその制限のない土地の引渡しをすべき法律上の義務が課されるものではない。
　　　B　権利に関する契約不適合とする説
　　　∵A説では，強制競売により目的物を取得した場合に担保責任が追及できなくなる（568Ⅳ）。

12.　　引き渡された目的物が種類又は品質に関して契約の内容に適合しない場合は，目的物が契約の内容に適合しないことを知った時から１年以内にその旨を売主に通知しなければ，責任追及をすることができなくなる。
　　　ただし，売主が悪意又は重過失である場合は，期間制限は適用されない（566）。

13.　　売主に対し担保責任を追及し得る程度に確実な事実関係を知った時をいう（最判平13.2.22）。
　　　∵この時点以前は買主に権利行使を期待できず，権利が消滅すると酷だからである。

14.　　単に契約との不適合がある旨を抽象的に伝えるのみでは足りず，細目にわたるまでの必要はないものの，不適合の内容を把握することが可能な程度に，不適合の種類・範囲を伝える必要がある。
　　　∵引き渡した物の種類や品質に関する欠陥等は時間の経過とともに不分明となるため，不適合を知った買主から早期にその事実を売主に知らせ，売主にその存在を認識し把握する機会を与えることにある。

□ ／	15.	**B** 　契約不適合責任の責任追及に関する権利行使期間の制限と消滅時効との関係について説明しなさい。
□ ／		
□ ／		

□ ／	16.	**B** 　上記問題において，消滅時効の適用を肯定する場合，時効の起算点である「権利を行使することができる時」（166Ⅰ②）の意義について説明しなさい。
□ ／		
□ ／		

□ ／	17.	**A** 　目的物に契約不適合がある場合に，錯誤もある場合，担保責任と錯誤はどちらが優先するかについて説明しなさい。
□ ／		
□ ／		

□ ／	18.	**A** 　手付（557）の種類には，証約手付（契約が成立したことを示す効力をもつもの），違約手付（契約上の債務を履行しない場合に没収されるもの），解約手付（両当事者が解除権を留保し，それを行使した場合の損害賠償額となるもの）があるところ，違約手付と解約手付を兼ねることができるかについて説明しなさい。
□ ／		
□ ／		

□ ／	19.	**A** 　手付解除（557Ⅰ）が認められるための要件について説明しなさい。
□ ／		
□ ／		

15. 消滅時効適用肯定説（損害賠償請求権に関する最判平 13.11.27）
　　客観的起算点（166 I ②）は，買主が目的物の引渡しを受けた時。
　　　∵（消滅時効の適用を肯定すべきとの点について）
　　　　①566条の趣旨は，法律関係の早期安定にある。
　　　　　→永続した事実状態の尊重のための消滅時効とは制度趣旨を異にするので
　　　　　　法条競合の関係にない。
　　　　②消滅時効にかからないとなると，買主が契約不適合を発見しない限り担保
　　　　　責任が永久に存続することになり，売主の責任が過大になる。
　　　　（起算点について）
　　　　③買主が契約不適合を発見し得るのは目的物の引渡しを受けたときからであ
　　　　　り，それ以降に初めて権利の上に眠る者と評価し得る。

16. 買主が契約不適合を発見し得るのは目的物の引渡しを受けたときからであり，そ
　　れ以降に初めて権利の上に眠る者と評価し得るため，客観的起算点（166 I ②）は，
　　買主が目的物の引渡しを受けた時である。

17. A　錯誤優先説（判例？大判大 10.12.15，最判昭 33.6.14）
　　B　担保責任優先説
　　　∵一般法たる錯誤より，特別法たる担保責任が優先する。
　　C　選択して主張することができるとする説（選択説）
　　　∵要件・効果を異にする別の制度である。

18. 判例（最判昭 24.10.4）＝兼ねることができる。
　　　∵①手付額が低い場合には，必ずしも違約手付は契約の効力を強めるとはいえ
　　　　　ない。
　　　　②債務不履行の際その額を支払って清算できるから，当然手付損による解除
　　　　　もできると解すべきである。

19. ①「相手方」が，
　　②「契約の履行に着手」するまでに，
　　③「買主はその手付を放棄し，売主はその倍額を現実に提供して」，
　　④解除の意思表示をすることである。

□ /			
□ /	**20.**	**A**	手付解除（557Ⅰ）が認められるための要件のうち，「契
□ /			約の履行に着手」の意義について説明しなさい。

□ /			
□ /	**21.**	**A**	要物契約としての消費貸借契約（587）の成立要件につ
□ /			いて説明しなさい。

□ /			
□ /	**22.**	**A**	諾成的消費貸借契約（書面でする消費貸借，587の2Ⅰ）
□ /			の成立要件について説明しなさい。

□ /			
□ /	**23.**	**B**	消費貸借契約（587）に基づく返還請求の要件事実につ
□ /			いて説明しなさい。

□ /			
□ /	**24.**	**A**	賃貸借契約（601）の成立要件について説明しなさい。
□ /			

□ /			
□ /	**25.**	**A**	賃借権の対抗要件について説明しなさい。
□ /			

□ /			
□ /	**26.**	**A**	不動産の貸主が不法占拠者を排除しない場合，借主は
□ /			いかなる手段をとることができるか。

□ /			
□ /	**27.**	**A**	「所有権以外の財産権を，自己のためにする意思をもっ
□ /			て，平穏に，かつ，公然と行使する者は，前条の区別に
			従い20年又は10年を経過した後，その権利を取得する」
			（163）ところ，賃借権の時効取得が認められるかについ
			て説明しなさい。

20. 判例（最大判昭40.11.24）＝客観的に外部から認識し得るような形で履行行為
の一部をし，又は履行の提供をするために欠くことのできない前提行為をする
ことをいう。
　　∵「契約の履行に着手」すれば相手方が解除できなくなるのは，解除を認めれ
ば履行に着手した者に損害を与えるおそれがあるからであるため，単なる契
約の履行の準備では足りない（当事者が履行に対する信頼と利益を具体化し
たときから，当事者の履行への期待を尊重することが必要となる）。

21. ①目的物の受領，
②返還の合意である。

22. 目的物の引渡し及び返還を書面又は電磁的記録をもって約すること（587の2Ⅰ
Ⅳ）である。

23. 金銭の返還合意，金銭の交付，返還時期の合意，返還時期の到来である。

24. 賃貸人が目的物の使用・収益を約し，賃借人は賃料支払及び終了時の目的物の返
還を約することである。

25. 原則＝賃借権の登記（605）
例外＝借地借家法上の対抗要件
　　①土地→土地上に登記された建物を所有していること（借地借家法10Ⅰ），
　　②建物→引渡し（借地借家法31）。

26. ①貸主への請求（601），
②占有訴権（200Ⅰ），
③貸主の妨害排除請求権（返還請求権）の代位行使（423Ⅰ本文），
④賃借権に基づく妨害排除請求（605の4）。

27. 判例（最判昭43.10.8）＝不動産賃借権は，163条の「財産権」に当たり，時効
取得も可能であるが，①土地の継続的用益という外形的事実の存在，及び②賃
借の意思に基づくことが客観的に表現されていることが必要となる。
　　∵①不動産賃借権は，占有を要素とし，権利行使の継続性が予定され，地上権
とほぼ同一の機能を有する。
　　②所有権者による時効完成猶予・更新の機会を保障する必要がある。

☐ /	**28.**	**B**	賃借権の時効取得の要件事実について説明しなさい。
☐ /			
☐ /			

☐ /	**29.**	**B**	賃借権が二重に設定された場合の優劣の判断方法について説明しなさい。
☐ /			
☐ /			

☐ /	**30.**	**A**	「賃借人は，賃貸人の承諾を得なければ，その賃借権を譲り渡し，又は賃借物を転貸することができない」(612 I)ところ，借地上の建物を譲渡した場合，賃借権の譲渡に当たるかについて説明しなさい。
☐ /			
☐ /			

☐ /	**31.**	**A**	「賃借人は，賃貸人の承諾を得なければ，その賃借権を譲り渡し，又は賃借物を転貸することができない」(612 I)ところ，借地上の建物を賃貸した場合，敷地の転貸に当たるかについて説明しなさい。
☐ /			
☐ /			

☐ /	**32.**	**B**	「賃借人は，賃貸人の承諾を得なければ，その賃借権を譲り渡し，又は賃借物を転貸することができない」(612 I)ところ，借地上の建物に譲渡担保権が設定された場合，賃借権の譲渡・目的物の転貸に当たるかについて説明しなさい。
☐ /			
☐ /			

☐ /	**33.**	**A**	「賃借人は，賃貸人の承諾を得なければ，その賃借権を譲り渡し，又は賃借物を転貸することができ」(612 I)ず，「賃借人が前項の規定に違反して第三者に賃借物の使用又は収益をさせたときは，賃貸人は，契約の解除をすることができる」(612 II)ところ，この場合無条件に解除することができるかについて説明しなさい。
☐ /			
☐ /			

28. ある時点における当該**不動産の占有**，当該時点から10年又は20年後の時点における当該**不動産の占有**（162 I II），占有開始時の**無過失**（162 II），上記2つの時点の間の継続的な使用収益という外形的事実が継続したこと（「行使する」(163)），当該継続が賃借の意思に基づくことが**客観的に表現**されていたこと（「自己のためにする意思をもって」(163)），**時効の援用**（145）である。

29. **対抗要件**によって優劣を判断すべきである（605）。
∵債権法の原則からすれば，先に履行を受けた方が優先するべきであるが，不動産賃借権の**物権化傾向**から，物権法の原則を準用すべき。

30. 借地上の建物を譲渡した場合も**賃借権の譲渡**に当たる。
∵借地権も**従たる権利**として移転する（87 II類推）。

6

契約各論

31. 借地上の建物を**賃貸**するだけでは，**敷地の転貸**に当たらない（大判昭8.12.11）。
∵①土地賃貸人は，建物所有のために土地を賃貸した以上，その建物の利用に伴う敷地の利用は当然甘受しなければならない。
②建物を土地賃借人自身が利用するか，建物賃借人が利用するかで，原則として**敷地の利用形態に違いは生じない**。

32. 借地上の建物が**譲渡担保**に供されても，それだけでは建物敷地について賃借権の**譲渡・転貸**がされたことにはならないが（最判昭40.12.17），譲渡担保権者が目的建物の引渡しを受け**使用収益**する場合には，譲渡担保権設定者による受戻権の行使が可能であっても，建物敷地について**賃借権の譲渡・転貸に当たる**（最判平9.7.17）。
∵①612条は，賃貸借契約における当事者間の**信頼関係**を重視して，賃借人が第三者に賃借物の使用又は収益をさせるためには賃貸人の承諾を要するものとしている。
②譲渡担保権設定者が従前どおり建物を使用している場合には，賃借物たる敷地の現実の使用方法，占有状態に変更はないから，当事者間の**信頼関係が破壊される**ということはできない。

33. 判例（最判昭28.9.25等）＝原則として**無催告解除**が可能であるが，無断譲渡（無断転貸）がされても，なお賃借人の当該行為が賃貸人に対する**背信的行為**と認めるに足らない特段の事情（当事者間の**信頼関係を破壊するとはいえない特段の事情**）がある場合は解除することができない。
∵①無制限の解除を認めると，賃借人に酷である。
②賃貸借契約は当事者の**個人的信頼関係**を基礎とする継続的法律関係であるから，信頼関係が破壊されていない場合には**解除権を制限**すべき。

☐ ／
☐ ／
☐ ／　34.　**A**　原賃貸借契約を合意解除した場合，これを転借人に対抗することができるかについて説明しなさい。

☐ ／
☐ ／
☐ ／　35.　**A**　原賃貸借契約が債務不履行解除される場合，転借人に対する催告が必要か否かについて説明しなさい。

☐ ／
☐ ／
☐ ／　36.　**B**　原賃貸借契約が債務不履行解除される場合，転貸借契約の終了時期はいつになるかについて説明しなさい。

☐ ／
☐ ／
☐ ／　37.　**A**　賃貸借の対抗要件を備えた賃貸不動産が譲渡された場合における賃貸人たる地位の移転が生じるための要件について説明しなさい。

☐ ／
☐ ／
☐ ／　38.　**A**　賃貸借の対抗要件を備えていない賃貸不動産が譲渡された場合における賃貸人たる地位の移転が生じるための要件について説明しなさい。

☐ ／
☐ ／
☐ ／　39.　**B**　賃貸借契約終了に基づく建物収去土地明渡請求訴訟の要件事実について説明しなさい。

34.　できない（613Ⅲ）。

35.　A　判例（大判昭6.3.18，最判昭37.3.29，最判平6.7.18）＝信義則上代払の
　　　機会を与える必要があるような特段の事情がある場合を除き，転借人に対する
　　　催告を要せず，解除を対抗できる。
　　　∵①債務不履行をされた原賃貸人の保護。
　　　　②転貸借は，賃貸借の存在を前提とするものであって，転借人の地位はもと
　　　　　もと原賃貸借の帰すうによって影響されるものであり，転借人もそのこと
　　　　　を承知して転貸借契約を締結している。
　　　　③賃貸人は転借人に何ら義務を負うものではない（613Ⅰ前段反対解釈）。
　　　B　学説＝転借人に対する催告を必要とする。
　　　　∵債務不履行解除を装えば解除できてしまうのは不当。

36.　判例（最判平9.2.25）＝原則として，転貸借は，賃貸人が転借人に対して目的
　　物の返還を請求した時に，転貸人の転借人に対する債務の履行不能によって終
　　了する（616の2参照）。
　　　ただし，具体的事案によっては，返還請求時以外の時点で履行不能になったと
　　評価される場合もある（ex. 転貸人と転借人に密接な関係があり，転貸人の
　　債務不履行及び解除の事実を転借人も認識していたような場合は，原賃貸借契
　　約の解除時に，転貸借も履行不能によって終了すると評価し得る）。
　　　　∵転貸人が賃貸人との間で再び賃貸借契約を締結するなどして，転借人が賃
　　　　　貸人に転借権を対抗し得る状態を回復することは，もはや期待できない。
　　　　　転貸人の貸す債務が社会通念上履行不能に陥ったとみ得る。

37.　　賃貸人たる地位は賃貸不動産の譲受人に当然に移転し，賃貸不動産の譲渡人・譲
　　受人間での移転の合意も不要であり，契約の相手方である賃借人の承諾も必要がな
　　い（605の2Ⅰ）。
　　　ただし，譲渡人及び譲受人が，賃貸人たる地位を譲渡人に留保する旨及びその不
　　動産を譲受人が譲渡人に賃貸する旨の合意をしたときは，賃貸人たる地位は譲受人
　　に移転しない（605の2Ⅱ前段）。

38.　　賃貸不動産の譲渡人と譲受人との間で賃貸人たる地位の移転の合意（契約の相手
　　方である賃借人の承諾は不要）（605の3前段）。

39.　　土地賃貸借契約，基づく引渡し，土地賃貸借契約の終了原因事実，基づく引渡し
　　後の建物付属及び終了時の建物存在である。

| | | 40. | B | 賃貸人たる地位の移転を賃借人に対抗するための要件について説明しなさい。 |

| | | 41. | B | 賃貸人たる地位の移転に伴って，敷金返還債務と費用償還債務も承継されるか否かについて説明しなさい。 |

| | | 42. | A | 敷金返還請求権（622の2Ⅰ）の発生時期について説明しなさい。 |

| | | 43. | B | ＡＢ間の賃貸借契約中に，賃貸人Aの債権者（兼抵当権者）CがAがBに対して有する未払賃料債権を差し押さえた。その後，ＡＢ間の賃貸借契約は終了した。Cの請求に対してBは，賃料債権は敷金の充当によって当然に消滅しているはずであると主張し支払を拒んでいる。
　敷金返還請求権の取得はCによる差押え後であるから，511条1項に抵触するのではないか。 |

| | | 44. | B | 「借地権は，その登記がなくても，土地の上に借地権者が登記されている建物を所有するときは，これをもって第三者に対抗することができる」（借地借家法10Ⅰ）ところ，近親者のような他人名義の登記のある建物所有の場合でも，対抗することができるかについて説明しなさい。 |

40. 賃貸人たる地位の移転は，その不動産について所有権の移転の登記をしなければ，賃借人に対抗することができない（605の2Ⅲ，605の3後段）。

41. 賃貸人たる地位の移転があった場合に，敷金返還債務及び費用償還債務は，譲受人に承継される（605の2Ⅳ，605の3後段）。
→承継される額は，賃借人が交付した敷金から未払賃料債務額等を控除した残額（最判昭44.7.17参照）。

42. ①賃貸借が終了して賃借物が返還されたとき（622の2Ⅰ①）
又は
②賃借人が適法に賃借権を譲渡したとき（622の2Ⅰ②）である。

43. 判例（最判平14.3.28）＝511条1項に抵触しない（敷金の充当が優先する）。
∵①敷金の充当による未払賃料の消滅は敷金契約から発生する効果であるから，意思表示を必要とする相殺に関する規定（511Ⅰ）は適用されない。
②抵当権者も敷金が未払賃料に当然充当されるのは予測できる（なお，物上代位による差押え前は，賃貸人及び賃借人が敷金契約を締結するかどうかは自由）。

44. A　判例（最大判昭41.4.27）＝対抗力否定説。
∵他人名義の建物登記によっては自己の建物所有権すら第三者に対抗することはできないのであるから，自己の建物所有権を対抗し得る登記のあることを前提としてこれを賃借権登記に代えようとする借地借家法の保護は得られない。
B　対抗力肯定説
∵①土地を買い受けようとする第三者は，現地見分によって建物の存在，賃借権等の土地使用権原の存在を知ることができる。
②借地権の対抗力（利用権者と所有権取得者との対抗）と，不動産取引法上での建物所有権の公示（所有権取得者間の対抗）とは，次元が異なり，借地借家法10条1項の建物登記は，その所有権を公示するための登記とは別のもの。
土地所有権を取得しようとする第三者をして他人の土地利用権の存在を推知せしめるに足りるものであればよい。

		45.	B	「借地権は，その登記がなくても，土地の上に借地権者が登記されている建物を所有するときは，これをもって第三者に対抗することができる」（借地借家法10Ⅰ）ところ，譲渡担保権者名義の登記のある建物所有の場合でも，対抗することができるかについて説明しなさい。
		46.	B	借地権に対抗力（借地借家法10Ⅰ）が認められない場合，借地人は一切保護されないのかについて説明しなさい。
		47.	B	賃貸借契約が債務不履行解除により終了する場合，建物買取請求権（借地借家法13）や造作買取請求権（同法33）の適用があるかについて説明しなさい。
		48.	B	「居住の用に供する建物の賃借人が相続人なしに死亡した場合において，その当時婚姻又は縁組の届出をしていないが，建物の賃借人と事実上夫婦又は養親子と同様の関係にあった同居者があるときは，その同居者は，建物の賃借人の権利義務を承継する」（借地借家法36Ⅰ本文）ところ，相続人がいる場合において，賃貸人から明渡請求をされた場合の処理について説明しなさい。
		49.	B	「居住の用に供する建物の賃借人が相続人なしに死亡した場合において，その当時婚姻又は縁組の届出をしていないが，建物の賃借人と事実上夫婦又は養親子と同様の関係にあった同居者があるときは，その同居者は，建物の賃借人の権利義務を承継する」（借地借家法36Ⅰ本文）ところ，相続人がいる場合において，当該相続人から明渡請求をされた場合の処理について説明しなさい。
		50.	A	請負契約（632）の成立要件について説明しなさい。

45. 対抗力否定説（最判平元.2.7）
（批判）譲渡担保の対抗方法としては建物登記の移転によるほかないため，借地権の対抗力を否定すれば，借地人が建物を譲渡担保に供することは実際上不可能となってしまう。

46. 権利濫用法理による保護を認める（最判昭38.5.24等）。
双方における土地の利用の必要性ないし土地を利用することができないことによる損失の程度，土地の利用状況に関する買主の認識の有無や買主が明渡請求をするに至った経緯，借地権者が借地権につき対抗要件を具備していなかったことがやむを得ないというべき事情の有無等を考慮すべき（最判平9.7.1）。

47. 否定説（最判昭35.2.9）
∵①借地借家法13条，33条は期間満了の際の規定。
②債務不履行をして解除された者を保護する必要性はない。

48. 判例（最判昭42.2.21，最判昭42.4.28）＝相続人が承継した賃借権を自ら援用し，賃貸人からの明渡請求を拒むことができる。

49. 判例（持家の事案について，最判昭39.10.13参照）＝権利濫用として明渡請求を拒むことができる。

50. 仕事の完成と報酬の支払についての合意である。

□ /	**51.** **A**	請負人が仕事完成義務を履行するにあたり，下請人や
□ /		履行補助者を使用することは認められるか。
□ /		

□ /	**52.** **B**	請負人と下請契約を締結した下請人の地位について説
□ /		明しなさい。
□ /		

□ /	**53.** **A**	請負人が完成させた目的物の所有権は（原始的に）ど
□ /		ちらに帰属するか。
□ /		

□ /	**54.** **B**	第一請負人Aが材料を供給して建前を作ったが，工事
□ /		を中止して放置した後，第二請負人Bが仕事を続行し完
□ /		成した場合における建前は土地に付合（242）するか否か
		について説明しなさい。

□ /	**55.** **B**	第一請負人Aが材料を供給して建前を作ったが，工事
□ /		を中止して放置した後，第二請負人Bが仕事を続行し完
□ /		成した場合，建物所有権の帰属の判断方法について説明
		しなさい。

□ /	**56.** **B**	請負人及び注文者双方の帰責事由ない原因によって，
□ /		建物が滅失したが，期限までに完成が可能な場合，増加
□ /		費用をどちらが負担するかについて説明しなさい（一種
		の危険負担の問題）。

51. 「完成させること」が重要であり，下請人や履行補助者の使用は原則として自由。

52. 下請人は，履行補助者的立場に立つため，注文者と下請人との間に格別の合意があるなどの特段の事情がない限り，請負人が注文者と締結した所有権の帰属に関する特約に拘束される（最判平5.10.19）。

53. A　判例（大判大3.12.26，大判大4.10.22，大判昭7.5.9等）＝材料の供給者に原始的に帰属するとする（通常は請負人）。
　　∵①請負人が材料を供給した場合には，報酬債権を担保させる必要。
　　　②当事者意思。
　　（批判）
　　　①建物建築請負契約の場合，請負人は土地の利用権限がないので，所有権を取得したところで意味はない。
　　　②報酬債権は同時履行の抗弁・留置権によって確保させればよい。
　　B　学説＝注文者原始的帰属説。
　　∵①当事者意思としては，注文者に帰属するとするのが自然。
　　　②保存登記を注文者（所有者）名義で行う慣行。

54. 社会通念上，建前であっても土地とは別個の動産と考えるのが自然であるため，建前は土地に付合しない。

55. 判例（最判昭54.1.25）＝加工の規定（246Ⅱ）によるべき。
　　∵単に動産に動産を付合させる場合とは異なり，工作に対し特段の価値が認められる。

56. 原則として請負人の負担とすべき。
　　∵請負人は仕事の完成義務を負っているのであるから，仕事の完成について必要な費用は請負人の負担とすべき（485本文参照）。

6
契約各論

| | | 57. | B | 請負人及び注文者双方の帰責事由ない原因によって，建物が滅失し，期限までに完成が不可能な場合（又は仕事完成後に目的物が滅失損傷した場合），注文者は報酬支払債務の履行を拒めるのかについて説明しなさい（危険負担の問題そのもの）。 |

| | | 58. | A | 請負契約における担保責任としての損害賠償請求権（559，564，415）と請負契約に基づく報酬支払請求権は同時履行の関係にあるとされる（533かっこ書）が全額対全額が同時履行の関係に立つのかについて説明しなさい。 |

| | | 59. | B | 請負契約における担保責任としての損害賠償請求権（559，564，415）と請負契約に基づく報酬支払請求権は同時履行の関係にあるとされる（533かっこ書）ため，相殺は許されない（505Ⅰただし書）のではないかについて説明しなさい。 |

| | | 60. | B | 注文者が建替費用相当額の賠償請求を求めた場合，当該建物に居住し続けてきたという利益（居住利益）を，損益相殺又は損益相殺的な調整によって控除することはできるか。 |

| | | 61. | B | 「委任は，各当事者がいつでもその解除をすることができる」（651Ⅰ）ところ，解除権が制限されるのはどのような場合かについて説明しなさい。 |

| | | 62. | A | 委任者が損害賠償義務を負う場合について説明しなさい。 |

57.　拒むことができる（536Ⅰが適用される）。
　　∵①原則通り。
　　　②引渡しがない以上，（559本文によって準用される）567条1項は適用されない（危険の移転はない）。

58.　判例（修補に代わる損害賠償請求の事案につき，最判平9.2.14）＝原則として全額対全額が同時履行の関係に立つが，瑕疵の程度や交渉の経緯等に照らし，同時履行の主張が信義則に反すると認められる場合には制限される。
　　∵追完（修補）請求をした場合との均衡。

59.　判例（最判昭53.9.21）＝相殺を認める。
　　∵①同じ原因に基づく金銭債権であるから，現実に履行させる必要はない。
　　　②両債権の相殺は実質的に代金減額請求の意味を有するため，清算方法として合理的。

60.　判例（最判平22.6.17）＝建物に重大な瑕疵がありこれを建て替えざるを得ない場合において，社会通念上，建物自体が社会経済的な価値を有しないと評価すべきものであるときには，控除することはできない。
　　∵①倒壊の具体的なおそれがあるなど社会経済的な価値を有しないと評価されるような建物については，注文者等による居住は自らの身を危険にさらすことを意味するものであって，そこに居住していたことを利益とみることができない。
　　　②居住利益を控除することとなれば，賠償を遅らせる誠意なき請負人等を利するという事態を招き，公平ではない（補足意見）。

61.　①任意解除権放棄の特約がある場合，
　　②受任者にも委任の利益がある場合である。
　　しかし，②の場合でも，受任者が著しく不誠実な行動に出る等やむを得ない事由がある場合，やむを得ない事由がない場合であっても，委任者が委任契約の解除権自体を放棄したものとは解されない事情があるときは解除をすることができる（最判昭56.1.19）。

62.　①相手方に不利な時期に委任を解除したとき。
　　②委任者が受任者の利益（専ら報酬を得ることによるものを除く）をも目的とする委任を解除したとき。

☐ /	63.	**A**	和解契約（695）の成立要件について説明しなさい。
☐ /			
☐ /			

☐ /	64.	**A**	「当事者の一方が和解によって争いの目的である権利を有するものと認められ，又は相手方がこれを有しないものと認められた場合において，その当事者の一方が従来その権利を有していなかった旨の確証又は相手方がこれを有していた旨の確証が得られたときは，その権利は，和解によってその当事者の一方に移転し，又は消滅したものとする」（確定効，696）ところ，いかなる場合に錯誤（95）の主張をすることができるかについて説明しなさい。
☐ /			
☐ /			

☐ /	65.	**A**	「当事者の一方が和解によって争いの目的である権利を有するものと認められ，又は相手方がこれを有しないものと認められた場合において，その当事者の一方が従来その権利を有していなかった旨の確証又は相手方がこれを有していた旨の確証が得られたときは，その権利は，和解によってその当事者の一方に移転し，又は消滅したものとする」（確定効，696）ところ，交通事故による損害について，加害者と被害者の間で示談が成立した後，当時予想することができない後遺症が発見された場合の処理について説明しなさい。
☐ /			
☐ /			

63.　①「争い」の存在，
②「当事者が互いに譲歩」をすること（互譲），
③争いをやめることを約することである。

64.　①当事者が争いの対象とし，互譲によって決定した事項自体に錯誤がある場合，錯誤の主張はできない。
　　∵和解によって終結した争いそのものであるから。
②争いの対象となった事項ではなく，「争いの対象たる事項の前提ないし基礎」として両当事者が予定し，和解においても互譲の内容とされることなく，争いも疑いもない事実として予定された事項に錯誤がある場合や①②以外の事項に錯誤がある場合，錯誤の主張ができる場合がある。
　　∵真実と異なっても法律関係を確定しようとする意思が認められないから。

65.　判例（最判昭43.3.15）＝後遺症による損害は和解の対象となっていない別損害と解すべき。
　　∵①後遺症損害を一切請求できないとすることは，あまりに不当な結論である。
　　　②示談当時予想できなかった重大な後遺症についてまで被害者が損害賠償請求権を放棄する趣旨と解するのは当事者の合理的意思に合致しないため，後遺症については別紛争とみるべき。

7　法定債権

□ / □ / □ /	1. **A**	事務管理（697）の成立要件について説明しなさい。

□ / □ / □ /	2. **A**	事務管理（697）の成立要件のうち，他人の事務の意義について説明しなさい。

□ / □ / □ /	3. **A**	事務管理（697）の成立要件のうち，他人のためにする意思の意義について説明しなさい。

□ / □ / □ /	4. **B**	本人名をもって，窓の修理を業者に行わせたような場合，事務管理（697）が成立することによって，代理権が付与されたこととなり，無権代理が治癒されるかについて説明しなさい。

□ / □ / □ /	5. **A**	勝手に他人の土地を運用して大儲けした場合のように，他人のためではなく，自己のために他人の事務を処理した場合（準事務管理），事務管理の規定を準用することができるかについて説明しなさい。

□ / □ / □ /	6. **A**	不当利得の意義について説明しなさい。

□ / □ / □ /	7. **A**	不当利得制度（703，704）の趣旨について説明しなさい。

7 法定債権

1. ①他人の事務を管理すること（697Ⅰ），
②他人のためにする意思（697Ⅰ），
③法律上の義務がないこと（697Ⅰ），
④本人の適法な意思及び利益に適合すること（697Ⅱ）である。

2. 他人の事務とは，人の生活に必要な一切の仕事（事実行為，法律行為を問わない）をいう。

3. 他人の利益を図る意思をいい，自己のためにする意思との併存は構わない。

4. 否定説（最判昭36.11.30）
∵①事務管理は本人・管理者間の対内的関係を定めるものにすぎない。
②相手方の保護は本人の黙示の追認を認める，無権代理人の責任を追及する等で図れる。

5. A　準事務管理肯定説＝儲け分も事務管理の規定（701，646）を準用し，返還請求させる。
（批判）相互扶助の精神という事務管理の趣旨に反する。
B　準事務管理否定説＝不当利得による処理（原則どおり）。
∵①利得に対応する損失がない。
②管理者が，特殊の才能や機会に恵まれて利益を得た場合には，むしろ償還させない方が公平。

6. 正当な理由なしに財産的利得を得，これによって他人に損失を及ぼした者に対して，その利得の返還を命ずる制度。

7. 正義，公平にある。

| | | 8. | **A** | 不当利得返還請求（703）が認められるための要件について説明しなさい。 |

| | | 9. | **A** | 不当利得返還請求（703）が認められるための要件のうち，因果関係の有無の判断方法について説明しなさい。 |

| | | 10. | **A** | 不当利得返還請求（703）が認められるための要件のうち，法律上の原因がないことの意義について説明しなさい。 |

| | | 11. | **A** | AがXから騙取した金銭で債権者Yへ弁済した場合，不当利得返還請求（703）が認められるための要件のうち，法律上の原因がないことはどのように判断されるかについて説明しなさい。 |

| | | 12. | **A** | Mは所有者Yから賃借中のブルドーザーをXに修理に出し，修理完了後Xからブルドーザーを受け取った。しかし，Mは修理代金をXに支払う前に倒産してしまい，このブルドーザーを所有者Yに返還した。この場合，XのYに対する不当利得返還請求（703）が認められるための要件のうち，法律上の原因がないことはどのように判断されるかについて説明しなさい。 |

8.　①受益（利得），
　　②損失，
　　③因果関係，
　　④法律上の原因がないことである。

9.　A　直接の因果関係を必要とする説（旧判例）＝中間者が介在する場合には直接
　　　の因果関係がない。
　　　　（批判）直接の因果関係を要求すると，因果関係が認められる場合が狭くな
　　　　　りすぎ，妥当でない。
　　B　判例（最判昭49.9.26）＝社会通念上の因果関係で足りる。

10.　形式的・一般的には正当視される財産的価値の移動が，正義・公平の観点から，
　　実質的・相対的に正当視されるか否か。
　　　＝財産的価値の移動をその当事者間において正当なものとするだけの実質的理由
　　　　がないこと。

11.　判例（最判昭49.9.26）＝Yが受領した金銭が騙取金であることについて，悪意・
　　重過失の場合は，「法律上の原因」がない。
　　　∵①AからYへの金銭の移動は，債務の弁済であるから，形式的・一般的には
　　　　　正当視される。
　　　　②Yが受領したのが物の場合には，善意・無過失であれば即時取得によって
　　　　　保護されるところ，金銭は動産より流通性を保護すべき。

12.　判例（最判昭45.7.16，最判平7.9.19）＝MがYに対する費用償還請求権を有
　　しておらず（修理代金をMの負担とする特約があり），ブルドーザーが通常の
　　価格で賃貸されている場合に限り，法律上の原因がない。
　　　∵①MがYに対する費用償還請求権を有している場合には，債権者代位権の行
　　　　　使によれば足りる。
　　　　②ブルドーザーを安価に賃貸されていた場合には，Mが修理代金を負担する
　　　　　代わりに，安価で賃貸したと考えることができる。

☐ /___ ☐ /___ ☐ /___	**13.** **B** YはXとの間で消費貸借契約（以下「本件契約」という）を締結し，貸付金は約定に従いBの当座預金口座に振り込まれた。しかし，本件契約締結及び振込指示は，暴力団幹部AのYに対する強迫のもとになされたものであった。このため，Xからの貸金返還請求に対し，Yは，Aの強迫を理由に消費貸借契約を取り消す旨の意思表示をした。この場合，YはXに対して貸金相当額を不当利得として返還する義務（703）を負うかについて説明しなさい。
☐ /___ ☐ /___ ☐ /___	**14.** **A** 不当利得の特則の種類について説明しなさい。
☐ /___ ☐ /___ ☐ /___	**15.** **A** 不法原因給付の趣旨について説明しなさい。
☐ /___ ☐ /___ ☐ /___	**16.** **A** 不法原因給付（708本文）の要件について説明しなさい。
☐ /___ ☐ /___ ☐ /___	**17.** **A** 不法原因給付（708本文）の要件のうち，「不法」の意義について説明しなさい。
☐ /___ ☐ /___ ☐ /___	**18.** **A** 不法原因給付（708本文）の要件のうち，「給付」の意義について説明しなさい。
☐ /___ ☐ /___ ☐ /___	**19.** **B** 不法原因給付（708本文）として不当利得返還請求（703，704）ができない場合，不法行為に基づく損害賠償請求（709）や所有権に基づく返還請求をすることができるかについて説明しなさい。

13. 判例（最判平10.5.26）＝消費貸借契約の借主甲（本事例ではY）が貸主乙（本事例ではX）に対して貸付金を第三者丙（本事例ではB）に給付するよう求め，乙がこれに従って丙に対して給付を行った後甲が同契約を取り消した場合，乙からの不当利得返還請求に関しては，甲は，<u>特段の事情のない限り</u>，乙の丙に対する同給付により，その価額に相当する利益を受けたといえる。

　　　本件では，「特段の事情」があるから，Yは返還義務を負わない（Bに返還義務が発生する）。

　　　∵このような場合，乙の給付による利益は直接には同給付を受けた丙に発生し，甲は外見上は利益を受けないようにも見えるけれども，同給付により自分の丙に対する債務が弁済されるなど丙との関係に応じて利益を受け得るのであり，甲と丙との間には<u>事前に何らかの法律上又は事実上の関係が存在する</u>のが通常。

14. ①非債弁済（705），
　　②期限前弁済（706），
　　③他人の債務の弁済（707），
　　④不法原因給付（708）。

15. クリーンハンズの原則（<u>法は不法に助力しない</u>）。
　　　→90条と同趣旨。

16. ①不法な原因のため，
　　②給付が行われたことである。

17. 判例（最判昭27.3.18，最判昭37.3.8参照）＝<u>公序良俗違反</u>を指す。
　　　∵90条と708条は<u>表裏一体</u>の規定。

18. <u>終局的な給付</u>を意味する。
　　　∵受益者に終局的な利益を与える以前の行為についてまで返還請求を否定してしまうと，終局的利益移転のために受益者が<u>法の助力を求め得る</u>ことになり，不法な行為をした者には法の助力を与えないとする708条の趣旨に反することになる。

19. <u>いずれも不可</u>（不法行為に基づく損害賠償請求について，大連判明36.12.22，所有権に基づく返還請求について，最大判昭45.10.21）。
　　　∵これらを認めると708条の趣旨を没却する。

□ / □ / □ /	20. **B**	不法原因給付（708本文）として不当利得返還請求（703，704）ができない場合，給付された物の所有権の帰属先がどうなるかについて説明しなさい。
□ / □ / □ /	21. **A**	不法行為に基づく損害賠償請求（709）が認められるための要件について説明しなさい。
□ / □ / □ /	22. **A**	不法行為に基づく損害賠償請求（709）が認められるための要件のうち，「損害」の意義について説明しなさい。
□ / □ / □ /	23. **A**	不法行為に基づく損害賠償請求（709）が認められるための要件のうち，「過失」の意義について説明しなさい。
□ / □ / □ /	24. **B**	建築主Aは，建築事務所Y1に設計・工事管理を委託し，建設会社Y2に施工を請け負わせて，マンション甲を建築した。完成後の甲をXがAから買い受けたところ，後になって瑕疵が判明した。この場合，Yらが不法行為に基づく損害賠償責任を負うことがあるかについて説明しなさい。
□ / □ / □ /	25. **A**	不法行為に基づく損害賠償責任については，金銭賠償が原則であるが，明文上，金銭賠償原則の例外が認められているかについて説明しなさい。
□ / □ / □ /	26. **A**	不法行為に基づく損害賠償責任における損害賠償の範囲について説明しなさい。

20. 反射的に受益者に帰属する（最大判昭45.10.21）。

　　∵所有権自体は給付者の下にとどまると考えると，所有権と占有権の帰属が永久に分離することになり，法律関係が混乱する。

21. ①権利又は法律上保護されるべき利益の侵害（違法性）（709），

　　②損害の発生とその数額（709，710），

　　③行為と損害の間の因果関係（709），

　　④故意・過失（709），

　　⑤責任能力（712，713），

　　⑥違法性阻却事由（720ⅠⅡ）がないことである。

22. 不法行為がなかったならば被害者にあるべき仮定的な利益状態と，加害がなされた現在の利益状態との差をいう。

23. 予見義務違反及び結果回避義務違反をいう。

24. 判例（最判平19.7.6，第一次上告審）＝契約関係にない居住者等に対する関係でも，当該建物に建物としての基本的な安全性が欠けることがないように配慮すべき注意義務を負う。

　　設計・施工者等がこの義務を怠ったために建築された建物に建物としての基本的な安全性を損なう瑕疵があり，それにより居住者等の生命，身体又は財産が侵害された場合には，設計・施工者等は，当該瑕疵の存在を知りながらこれを前提として建物を買い受けたなどの特段の事情がない限り，不法行為による賠償責任を負う（強度の違法性は不要）。

　　∵居住者等の生命，身体又は財産は，建物の基本的な安全性の確保によって守られるべき一般的な保護法益である。

25. 名誉毀損の場合，裁判所は適当な処分を命ずることができる（723）。

26. 通常事情及び予見可能な特別事情を基礎として，加害行為と相当因果関係の範囲内にある損害について，賠償責任を負う（相当因果関係説（416類推））。

		27.	**B**	「故意又は過失によって他人の権利又は法律上保護される利益を侵害した者は，これによって生じた損害を賠償する責任を負う」(709) ところ，原状回復請求をすることができるかについて説明しなさい。
□ / □ / □ /				

		28.	**B**	「故意又は過失によって他人の権利又は法律上保護される利益を侵害した者は，これによって生じた損害を賠償する責任を負う」(709) ところ，差止請求をすることができるかについて説明しなさい。
□ / □ / □ /				

		29.	**A**	「被害者に過失があったときは，裁判所は，これを考慮して，損害賠償の額を定めることができる」(722Ⅱ) ところ，「過失」を考慮すべき被害者にどの程度の能力が必要かについて説明しなさい。
□ / □ / □ /				

		30.	**A**	722条2項の「過失」とは本人の過失に限定されるのかについて説明しなさい。
□ / □ / □ /				

		31.	**A**	被害者の素因（特異体質・既往症など，何らかの反応を引き起こしやすいもとになる状態）が加害行為と相まって損害を発生・拡大させた場合の損害賠償額の調整方法について説明しなさい。
□ / □ / □ /				

		32.	**B**	被害者の身体的特徴は被害者の素因として考慮されるかについて説明しなさい。
□ / □ / □ /				

27. 判例（大判大10.2.17）＝不可。
∵①金銭賠償の原則。
②原状回復には多額の費用がかかることがあるため，加害者に酷な場合がある。

28. 判例（最大判昭61.6.11，最判平7.7.7）＝被侵害利益の重要性，侵害行為の態様等に照らして社会生活上受忍の限度を超える場合には，人格権に基づく妨害排除請求として差止請求を認める。
∵物に対する侵害であれば，物権的請求権としての妨害排除請求権が可能であるのだから，より重要な法益である場合には妨害排除請求として差止請求を認めるべき。

29. A　責任能力を必要とする見解。
∵722条2項の「過失」と709条の「過失」は同義。
B　判例（最大判昭39.6.24）＝事理弁識能力で足りるとする見解。
∵722条2項は責任を負わせるための制度ではなく，損害の公平な分担の観点から，損害額についていかに被害者の不注意を斟酌すべきかの問題。
C　特段の能力を要しないとする見解。
∵損害の公平な分担という趣旨からすれば，能力を問題にする必要はない。

30. 判例（最判昭42.6.27，最判昭51.3.25）＝被害者と身分上ないし生活関係上一体をなすと認められる関係にある者（被害者側）の過失を考慮することができる。
∵①損害の公平な分担という趣旨からすれば，被害者側の者に過失がある場合には，その過失による不利益は加害者に負わせるより，被害者に負わせる方が公平。
②「身分上，生活関係上，一体をなす者」は，経済的にも一体をなし，両者間で損害賠償請求がされることは考えにくい。

31. 判例（最判昭63.4.21）＝722条2項類推適用により考慮し得る。
∵損害の公平な分担という不法行為制度の趣旨。

32. 判例（最判平4.6.25，最判平8.10.29）＝被害者が平均的な体格ないし通常の体質と異なる身体的特徴を有していたとしても，それが疾患に当たらない場合には，特段の事情の存しない限り，被害者のそのような身体的特徴を損害賠償の額を定めるに当たり斟酌することはできない。
∵疾患に至らない身体的特徴は，個々人の個体差の範囲として当然にその存在が予定されている。

□ ／ 　 **33.** **B** 　被害者の心因的素因は，被害者の素因として考慮され
□ ／ 　 るかについて説明しなさい。
□ ／

□ ／ 　 **34.** **B** 　被害者即死の場合，財産的損害を内容とする不法行為
□ ／ 　 に基づく損害賠償請求権が発生するかについて説明しな
□ ／ 　 さい。

□ ／ 　 **35.** **B** 　被害者即死の場合，精神的損害を内容とする不法行為
□ ／ 　 に基づく損害賠償請求権が発生するかについて説明しな
□ ／ 　 さい。

□ ／ 　 **36.** **B** 　「他人の生命を侵害した者は，被害者の父母，配偶者及
□ ／ 　 び子に対しては，その財産権が侵害されなかった場合に
□ ／ 　 おいても，損害の賠償をしなければならない」(711) と
ころ，例えば重大な傷害を負った場合の処理について説
明しなさい。

33. 交通事故の事案において心因的素因の斟酌を認め（最判昭63.4.21，最判平5.9.9など），雇用関係においては心因的素因の斟酌を否定（最判平12.3.24）。
　　∵業務の負担が過重であることを原因とし，労働者の性格及びこれに基づく業務遂行の態様等が，損害の発生又は拡大に寄与することは使用者等として予想すべきものであるし，使用者等は，各労働者がその従事すべき業務に適するか否かを判断して，その配置先，遂行すべき業務の内容等を定めるのであり，その際に，各労働者の性格をも考慮することができる。

34. 　A　相続説（大判大15.2.16）＝損害賠償請求権が本人に一度は帰属し，それが相続人に相続される。
　　　∵①被害者保護。
　　　　②生命侵害は身体傷害の極限概念。
　　　B　固有被害説＝被害者自身の損害賠償請求権の取得及びその相続性を否定し，被害者の死亡によって残された遺族が固有の損害（ex. 扶養利益）を被ることにより，遺族が固有の損害賠償請求権を取得する。

35. 　A　相続説（最大判昭42.11.1）＝請求権を放棄したものと解し得る特別の事情がない限り，当然に発生し，相続される。
　　　∵①即死の場合には意思表示が不可能であるため，受傷後相当期間経過後死亡した場合と即死の場合とで不均衡を生ずる。
　　　　②慰謝料請求権は一身専属権だが，発生後は単純な金銭債権といえる。
　　　　③損害賠償請求権発生の時点について，民法は，その損害が財産上のものであるか，財産以外のものであるかによって，別異の取扱いをしていない。
　　　B　旧判例＝意思表明相続説＝生命侵害を理由とする慰謝料請求権が死者自身に発生し，本人の生前の請求権行使の意思表示があれば，慰謝料請求権が相続される。
　　　C　固有被害説＝慰謝料請求権の死者自身への発生と，その相続性を否定し，近親者を殺されたことによる苦痛・悲嘆等の精神的損害につき，遺族が固有の慰謝料請求権を取得する（711）。

36. 　判例（最判昭33.8.5）＝死亡と比肩すべき精神的損害を受けた場合には，709条，710条による請求を認める。
　　　∵711条の趣旨は損害の発生及び加害行為と損害との間の因果関係の立証責任を軽減した点にあるから，傷害の場合に709条，710条に基づいて慰謝料請求することを排斥するものではない。

7

法定債権

☐ /			
☐ /	37.	**B**	「他人の生命を侵害した者は，被害者の父母，配偶者及
☐ /			び子に対しては，その財産権が侵害されなかった場合に
			おいても，損害の賠償をしなければならない」(711) と
			ころ，「被害者の父母，配偶者及び子」以外の者が損害賠
			償請求しようとする場合の処理について説明しなさい。

☐ /			
☐ /	38.	**A**	責任無能力者の監督義務者等の責任 (714) の趣旨につ
☐ /			いて説明しなさい。

☐ /			
☐ /	39.	**A**	責任無能力者の監督義務者等の責任 (714) が認められ
☐ /			るための要件について説明しなさい。

☐ /			
☐ /	40.	**A**	中学生のように責任能力者が不法行為を行った場合に
☐ /			も，監督義務者等の責任 (714) を追及することはできな
			いかについて説明しなさい。

☐ /			
☐ /	41.	**A**	使用者責任 (715) の趣旨について説明しなさい。
☐ /			

☐ /			
☐ /	42.	**A**	使用者責任 (715) が認められるための要件について説
☐ /			明しなさい。

☐ /			
☐ /	43.	**A**	使用者責任 (715) が認められるための要件のうち，「他
☐ /			人を使用する」(715 I 本文) の意義について説明しなさい。

37. 判例（最判昭49.12.17）＝711条は実質的生活関係に基づくものであるから，このような関係にあれば類推適用してよい。
　　∵711条は実質的生活関係に基づく者に対して，固有の慰謝料請求権を認めた規定であるから。

38. 監督義務者等は，責任無能力者が社会生活を送ることについて保護・監督すべき義務がある。

39. ①責任無能力者の行為が，責任能力以外の不法行為の一般的成立要件を満たすこと，
　　②監督義務者等から監督義務を怠らなかったことの立証がないことである。

40. 判例（最判昭49.3.22）＝709条，710条を根拠に監督義務者等に賠償責任を認める。
　　∵714条の趣旨は，被害者保護のため監督義務を怠った点について，立証責任を転換したものにすぎないため，監督義務者等の責任が714条で限定されるものではない。

41. 使用者は被用者の活動によりその事業範囲を拡大し，利益をあげているのであるから，それによる損失をも負担すべき（報償責任）ことにある。

42. ①被用者が不法行為の一般的成立要件を備えていること，
　　②使用者と被用者との間に使用関係があること，
　　③被用者による加害が「事業の執行について」されること，
　　④使用者に免責事由（715Ⅰただし書）がないことである。

43. 雇用関係にある必要はなく，指揮命令関係にあればよい。

□ ___/___ **44.** **A**　使用者責任（715）が認められるための要件のうち、「事
□ ___/___　　　　　　業の執行について」（715Ⅰ本文）の意義について説明し
□ ___/___　　　　　　なさい。

□ ___/___ **45.** **A**　「前2項の規定は、使用者又は監督者から被用者に対す
□ ___/___　　　　　　る求償権の行使を妨げない」（715Ⅲ）ところ、求償の範
□ ___/___　　　　　　囲について説明しなさい。

□ ___/___ **46.** **A**　工作物責任（717）の趣旨について説明しなさい。
□ ___/___
□ ___/___

□ ___/___ **47.** **A**　所有者の工作物責任（717）が認められるための要件に
□ ___/___　　　　　　ついて説明しなさい。
□ ___/___

□ ___/___ **48.** **A**　占有者の工作物責任（717）が認められるための要件に
□ ___/___　　　　　　ついて説明しなさい。
□ ___/___

□ ___/___ **49.** **A**　工作物責任（717）が認められるための要件のうち、「土
□ ___/___　　　　　　地の工作物」の意義について説明しなさい。
□ ___/___

44.　A　外形標準説（事実行為につき最判昭 39.2.4，取引行為につき最判昭 40.11.30，最判昭 42.11.2，暴力行為につき最判昭 44.11.18，最判昭 46.6.22 等）＝行為の外形から判断して，職務の範囲内の行為に属するものと認められる場合をも包含するが，相手方が悪意・重過失である場合は，要件を満たさない。

∵相手方の信頼保護。

B　事実的不法行為には外形標準説を適用しないとする説。

∵相手方の信頼保護が当てはまるのは取引的不法行為の場合。

45.　判例（最判昭 51.7.8）＝原則として全額であるが，信義則上相当と認められる限度に限定される場合がある。

→事業の性格，規模，施設の状況，被用者の業務の内容，労働条件，勤務態度，加害行為の態様，加害行為の予防若しくは損失の分散についての使用者の配慮の程度等を考慮する。

∵①代位責任であるから，全額求償できると考えるのが素直。

②被用者の不法行為は，労働条件や使用者の危険防止措置の不十分等，使用者に責任の一端がある場合がある。

46.　危険性をもった瑕疵ある工作物を支配している以上は，その危険が実現した場合にはその責任を負うべき（危険責任）ことにある。

47.　①「土地の工作物」によること，
②土地の工作物に設置・保存の瑕疵があること，
③瑕疵によって他人に損害が発生すること，
④占有者に過失がないことである。

48.　①「土地の工作物」によること，
②土地の工作物に設置・保存の瑕疵があること，
③瑕疵によって他人に損害が発生すること，
④占有者に過失があることである。

49.　判例？＝土地に接着して人工的に作り出されたあらゆる物及びそれと機能的に一体となって危険性を有する物を意味する。

∵危険責任の法理からすれば，工作物自体が土地に定着しているかではなく，それが土地の工作物としての機能を有するか否かということを基準とすべき。

7
法定債権

□ ／
□ ／ **50.** **A**　工作物責任（717）が認められるための要件のうち、「瑕
□ ／　　　　　　　疵」の意義について説明しなさい。

□ ／
□ ／ **51.** **A**　「数人が共同の不法行為によって他人に損害を加えたと
□ ／　　　　　　　きは，各自が連帯してその損害を賠償する責任を負う」
　　　　　　　　　　（719Ⅰ前段）ところ，「共同の」の意義について説明しな
　　　　　　　　　　さい。

□ ／
□ ／ **52.** **B**　債務不履行責任と不法行為責任が同時に成立する場合
□ ／　　　　　　　の両者の関係について説明しなさい。

50.　通常有すべき安全性を欠いていることをいう。

51.　A　判例（大判大8.11.22，最判昭43.4.23）＝客観的関連共同で足りるが（＝主観的な共同性は不要），各加害者は独立して一般不法行為（709）の要件を満たす必要がある。

∵本来は，各人の与えた損害につき，それぞれ別個に責任を負うはずであるところ，それをまとめて共同して責任を負うものとした点に本条の意義があるのだから（「連帯」の部分に本条の意義を認める），各人が不法行為の要件を具備していることを前提としている。

（批判）各人の行為と結果との因果関係を立証することは極めて困難。

B　共同行為と結果との間に因果関係があれば足りるとする見解。

①共同性が主観的なものである場合（主観的関連共同が認められる場合）は，因果関係が擬制され，反証が許されなくなる。

②共同性が客観的なものである場合（客観的関連共同が認められる場合）は，因果関係が推定され，反証によって責任を免れることができる。

C　「強い関連共同性（強い主観的関連共同性と強い客観的関連共同性）」と「弱い関連共同性」を区別する立場。

①強い関連共同性の場合には，719条1項前段で処理し，各行為と損害との因果関係が存在するものとみなされる（各不法行為者からの反証を許さない）。

②弱い関連共同性の場合には，719条1項後段（類推）で処理し，行為と損害との因果関係が推定される（各行為者からの因果関係不存在の反証を許す）。

7

法定債権

52.　請求権競合説（運送契約について最判昭38.11.5）＝一つの事実が両責任の各要件を満たす限り，いずれの効果でも主張できる。

∵①契約責任と不法行為責任は，要件と効果の異なる別個の請求権である。

②債権者（被害者）保護。

8 親族・相続

☐ ／
☐ ／ 1. **A** 婚姻の成立要件について説明しなさい。
☐ ／

☐ ／
☐ ／ 2. **A** 婚姻の成立要件のうち，婚姻意思の意義について説明
☐ ／ しなさい。

☐ ／
☐ ／ 3. **A** 協議離婚（763）の要件について説明しなさい。
☐ ／

☐ ／
☐ ／ 4. **A** 協議離婚（763）の要件のうち，離婚意思の意義につい
☐ ／ て説明しなさい。

☐ ／
☐ ／ 5. **B** 有責配偶者からの離婚請求が認められるかについて説
☐ ／ 明しなさい。

☐ ／
☐ ／ 6. **A** 「親権を行う父又は母とその子との利益が相反する行為
☐ ／ については，親権を行う者は，その子のために特別代理
人を選任することを家庭裁判所に請求しなければならな
い」（826Ⅰ）ところ，826条1項における利益相反行為
の意義について説明しなさい。

☐ ／
☐ ／ 7. **A** 「親権を行う父又は母とその子との利益が相反する行為
☐ ／ については，親権を行う者は，その子のために特別代理
人を選任することを家庭裁判所に請求しなければならな
い」（826Ⅰ）ところ，特別代理人の代理又は同意がない
利益相反行為の効果について説明しなさい。

8　親族・相続

1. ①婚姻意思の合致,
②婚姻障害事由の不存在,
③婚姻届の受理（739Ⅰ）である。

---

2. 真に婚姻しようとする意思をいう（最判昭44.10.31）。

---

3. ①離婚意思の合致,
②届出（764, 739Ⅰ）である。

---

4. 法律上の夫婦関係を解消する意思の合致（届出を出す意思）で足りる。

---

5. ①相当長期間の別居,
②未成熟子の不存在,
③苛酷条項（相手方配偶者が離婚により精神的・社会的・経済的に極めて苛酷な状態におかれる等離婚請求を認容することが著しく社会正義に反するといえるような特段の事情がないこと）を満たす場合には認められる（最大判昭62.9.2）。

---

6. 親権者と親権に服する子の間で互いに利益が衝突する行為（又は親権者の親権に服する複数の子の間で利益が衝突する行為）。

---

7. 同意が得られていない場合, 無権代理となる（108Ⅱ）。

□ /	8.	**A**	「親権を行う父又は母とその子との利益が相反する行為については，親権を行う者は，その子のために特別代理人を選任することを家庭裁判所に請求しなければならない」（826Ⅰ）ところ，「親権を行う父又は母とその子との利益が相反する行為」に当たるか否かの判断基準について説明しなさい。
□ /	9.	**A**	相続の開始原因及び一般的効力について説明しなさい。
□ /	10.	**B**	遺産分割の遡及効（909本文）との関係で相続開始後に生じた果実はどのように処理されるかについて説明しなさい。
□ /	11.	**A**	「相続人が数人あるときは，相続財産は，その共有に属する」（898Ⅰ）ところ，「共有」の意義について説明しなさい。
□ /	12.	**A**	共同相続の場合，債権債務の相続はどのように処理されるかについて説明しなさい。
□ /	13.	**B**	共同相続の場合，連帯債務の相続はどのように処理されるかについて説明しなさい。

8.　利益相反行為であるかどうかは，専らその行為の外形で決すべきで，親権者の意
　図やその行為の実質的効果から判定を下すべきでない（最判昭37.10.2，最判昭
　42.4.18，最判昭43.10.8）。
　　∵行為の動機等まで考慮すると相手方に不測の損害を及ぼすおそれがあるだけで
　　　なく，826条の文理も行為の性質そのものを意味するとみるべき。

9.　相続は死亡によって開始し（882），一身専属権を除き，相続開始の時から，被
　相続人の財産に属した一切の権利義務を相続人が法定相続分に従って共有で承継す
　る（896，898ⅠⅡ）。

10.　相続開始後に生じた果実は，遺産に含まれず，各共同相続人がその相続分に応じ
　て分割単独債権として確定的に取得する（その後にされた遺産分割の影響を受けな
　い，最判平17.9.8）。
　　∵①相続開始時に遺産の範囲が定まる（896）。
　　　②遺産分割の遡及効は絶対的なものではない（909ただし書，911〜913）。
　　　③可分債権の原則（427）。

11.　249条以下の「共有」と同義である（最判昭30.5.31）。

12.　可分な債権（債務）である限り，共同相続人にその相続分の割合に応じて当然に
　分割されて承継される（大判大9.12.22，最判昭29.4.8，大決昭5.12.4）。

13.　当然分割説（最判昭34.6.19）＝原債務は当然分割され，各共同相続人は相続分
　　に応じて承継した債務の範囲を負担部分とし，本来の連帯債務者と連帯して債
　　務を負う。
　　∵①金銭債権債務の共同相続における原則どおり。
　　　→逆に，相続人が全額について連帯債務を負担するとなると，相続という
　　　　偶然の事情で債権者が有利な地位を得ることになってしまう。
　　　②財産分離請求（941）で債権者の不利益を回避できる。

□ ___/___ 　**14.** 　**B** 　　共同相続の場合，預金債権の相続はどのように処理さ
□ ___/___
□ ___/___ 　れるかについて説明しなさい。

□ ___/___ 　**15.** 　**B** 　　「相続に関する被相続人の遺言書を偽造し，変造し，破
□ ___/___
□ ___/___ 　棄し，又は隠匿した者」は「相続人となることができない」
　　（891 I ⑤）ところ，不当な利益を目的としない遺言書の
　　破棄・隠匿行為があった場合はどのように処理されるか
　　について説明しなさい。

□ ___/___ 　**16.** 　**A** 　　相続回復請求権の意義について説明しなさい。
□ ___/___
□ ___/___

14.　分割否定説（最大決平 28.12.19，最判平 29.4.6）

　∵①遺産分割の共同相続人間の実質的公平を確保するという目的に照らして，具体的な遺産分割の方法を定めるに当たっての調整を容易にする財産を遺産分割の対象とすることに対する要請が存在する。

　②現金との類似性がある。

　③遺産分割の実務において当事者の同意を得て預貯金債権を遺産分割の対象とする運用が広く行われている。

　④普通預金債権についてはその特殊性（普通預金契約は，一旦契約を締結して口座を開設すると，以後預金者が自由に預入れ，払戻しをすることができる継続的取引契約であり，口座に入金が行われた場合，これにより発生した預貯金債権は口座の既存の預貯金債権と合算され，1個の預貯金債権として扱われるなど，普通預金債権は，1個の債権として同一性を保持しながら常にその残高が変動し得るものである）ゆえに，定期預金債権については契約上分割払戻しが制限されており，これが定期預金契約の要素となっていることから，当然分割の対象ではなく，遺産分割の対象とすべきである（「可分債権」（最判昭 29.4.8）には当たらないとみるべきである）。

15.　遺言書の破棄・隠匿行為であっても，不当な利益を目的としない場合は相続人は 891 条 5 号所定の相続欠格者には当たらない（最判平 9.1.28）。

　∵891 条 5 号は，遺言に関する不当な干渉行為に対して相続人となる資格を失わせるという民事上の制裁を与える趣旨。

16.　真正相続人が，他人によって包括承継を侵され，遺産占有を失った場合，この他人（表見相続人）に対し，自己の相続権を主張して，遺産の占有を回復する請求権。

□ ／
□ ／　　17.　**B**　　共同相続人A，X，Y，ZのうちのX，Y，Zが，A
□ ／　　　　　　　の同意を得ないまま数個の相続不動産の登記をそれぞれ
　　　　　　　　　　　の単独名義の登記に移転した。そこで，Aが自己の共有
　　　　　　　　　　　持分権に基づいて所有権移転登記抹消登記手続請求を行
　　　　　　　　　　　ったのに対し，X，Y，Zは，Aの請求は相続回復請求
　　　　　　　　　　　権の行使であって，5年が経過している以上884条による
　　　　　　　　　　　消滅時効にかかっていると主張した。この場合，共同相
　　　　　　　　　　　続人間にも相続回復請求権（884）を適用することができ
　　　　　　　　　　　るかについて説明しなさい。

□ ／
□ ／　　18.　**A**　　「相続させる」旨の遺言（特定財産承継遺言，1014Ⅱ）
□ ／　　　　　　　の法的性質について説明しなさい。

□ ／
□ ／　　19.　**A**　　「相続させる」旨の遺言により取得した財産について登
□ ／　　　　　　　記を備える必要があるかについて説明しなさい。

□ ／
□ ／　　20.　**B**　　「相続させる」旨の遺言が作成されたものの，遺言の効
□ ／　　　　　　　力が発生する前に推定相続人が死亡した場合の処理につ
　　　　　　　　　　　いて説明しなさい。

□ ／
□ ／　　21.　**A**　　配偶者居住権（1028以下）の意義について説明しなさい。
□ ／

17. 原則肯定説（最大判昭53.12.20）＝原則として，共同相続人間の争いにも884条の適用を肯定するが，共同相続人のうち一人若しくは数人が自ら相続人でないことを知っているか，又はその者に相続権があると信ぜられるべき合理的な事由なしに自ら相続人と称している場合には，適用がない。

  ∵①884条が相続回復請求権について消滅時効を定めたのは，相続権の帰属及びこれに伴う法律関係を早期にかつ終局的に確定させるという趣旨に出たものである。

  ②共同相続人が相続財産のうち自己の持分を超える部分について，当該部分の真正相続人の相続権を否定し，その部分も自己の持分であると主張してこれを占有管理している場合は，持分を超える部分に関する限り，相続人でない者が相続人であると称して相続財産を占有管理している場合と何ら異なるところはない。

  ③相続権があると信じる合理的な事由がない者は，一般の物権侵害者ないし不法行為者にすぎないため，相続回復請求制度の埒外。

18. A　遺産分割方法の指定説（最判平3.4.19）＝遺言書の記載から，その趣旨が遺贈であることが明らかであるか又は遺贈と解すべき特段の事情のない限り，遺産分割の方法の指定である。

  ∵①遺言者の意思は，当該遺産を当該相続人に単独で相続させようとする趣旨のものと解すべき。

  ②908条の存在。

  B　遺贈説

  ∵遺産分割方法の指定と解したのでは，遺産分割協議を経ないで遺産の承継を生じさせようとする遺言者の意思と相容れない。

19. 法定相続分を超える部分については，登記等の対抗要件を具備しなければ，第三者に対抗することができない（899の2）。

  ∵遺言の有無及び内容を知り得ない相続債権者・債務者等の利益や第三者の取引の安全を確保する。

20. 判例（最判平23.2.22）＝遺言者が，推定相続人先死の場合には，当該推定相続人の代襲者その他の者に遺産を相続させる旨の意思を有していたとみるべき特段の事情がない限り，遺言の効力として代襲者が対象財産を取得することはない。

  ∵遺言者は通常，遺言時における特定の推定相続人に当該財産を相続させる意思を有するにとどまり，当該推定相続人の代襲者に対して当該財産を相続させる意思までは有しない。

21. 配偶者が相続開始時に居住していた被相続人所有の建物を対象として，終身又は一定期間，配偶者に建物の使用を認めることを内容とする法定の権利。

8 親族・相続

□ __/__　22.　**A**　　配偶者短期居住権（1037以下）の意義について説明し
□ __/__　　　　　　　なさい。
□ __/__

□ __/__　23.　**B**　　相続分の指定について，遺留分侵害額請求（1046Ⅰ）
□ __/__　　　　　　　がなされた場合にいかなる効果が生ずるかについて説明
□ __/__　　　　　　　しなさい。

□ __/__　24.　**B**　　ある贈与が遺留分侵害額請求（1046Ⅰ）の対象とされ
□ __/__　　　　　　　る場合でも，その目的物について，既に受贈者の取得時
□ __/__　　　　　　　効が完成している場合には，これを援用することによっ
　　　　　　　　　　　て，同請求を免れることができるか。

22.　　配偶者は，相続開始時に被相続人の建物（居住建物）に無償で住んでいた場合には，以下の期間，居住建物を無償で使用する権利を取得する。
　　①配偶者が居住建物の遺産分割に関与するときは，居住建物の帰属が確定する日までの間（ただし，最低6か月間は保障）。
　　②居住建物が第三者に遺贈された場合や，配偶者が相続放棄をした場合などには居住建物の所有者から消滅請求を受けてから6か月。

23.　　遺留分を侵害している相続分の指定は，当然に無効とはならない。遺留分を侵害された者は，侵害をしている相手方に対して，侵害額に相当する金銭債権を取得する（1046Ⅰ）。
　　cf.　相続法改正前の判例（最決平24.1.26）は，相続分の指定が遺留分割合を超える部分の割合に応じて修正されるとしていた。

24.　　判例（最判平11.6.24）＝取得時効の援用は認められない。
　　∵遺留分を侵害する贈与がされてから被相続人の死亡までに時効期間が経過した場合に，遺留分権者には取得時効完成を障害する法的手段がない。

8
親族・相続

判例索引

アガルートアカデミーは，
2015年1月に開校した
オンラインによる講義の配信を中心とする
資格予備校です。

「アガルート（AGAROOT）」には，
資格の取得を目指す受験生の
キャリア，実力，モチベーションが
あがる道（ルート）になり，
出発点・原点（ROOT）になる，
という思いが込められています。

INTERVIEW

上田 亮祐 さん

平成29年度司法試験総合34位合格
神戸大学・神戸大学法科大学院出身

—— 法曹を目指したきっかけを教えてください。

　私は，小学生の頃にテレビに出ていた弁護士に憧れを抱いて，弁護士を目指すようになりました。

—— 勉強の方針とどのように勉強を進めていましたか？

　演習を中心に進めていました。

　アガルートアカデミーの講座の受講を始めたのはロースクール入学年の2015年4月からなのですが，それまでは別の予備校の入門講座，論文講座を受講していました。しかし，そこでは「まだ答案の書き方が分からないから，とりあえず講座の動画を消化しよう。消化していけば答案の書き方が分かるようになるはずだ」と考え，講義動画を見たり，入門テキスト，判例百選を読むだけで，自分でほとんど答案を書かず実力をつけられないままロースクール入試を迎えました。

　なんとか神戸大学法科大学院に入学し，自分の実力が最底辺のものでこのままでは2年後の司法試験合格どころかロー卒業すらも危ういと分かると，司法試験の勉強として何をすれば良いのかを必死で考えるようになりました。そして，「司法試験は，試験の本番に良い答案を書けることができれば合格する試験である」という当たり前の命題から，「少しでも良い答案を書けるように，答案を書く練習をメインに勉強しよう」と考えるようになりました。

　そこで，総合講義300を受講し直しつつ，重要問題習得講座のテキストを用いて，論文答案を書く練習を勉強のメインに据えていました。また，なるべく手を広げないように，同じ教材を繰り返すことを心がけていました。

—— 受講された講座と，その講座の良さ，使い方を教えてください。

【総合講義300】

　総合講義300の良さは，講義内でテキストを3周するシステムだと思います。

　以前受講した別の予備校の入門講座は，民法だけで100時間以上の講義時間がある上，テキストを1周して終わるため，講義を受け終わると最初の方にやったことをほとんど覚えていないということが普通でした。しかし，アガルートの総合講義は，講義内でテキストを3周するため，それまでにやったことを忘れにくい構造になっていると感じました。テキストも薄く持ち運びに便利で，受験生のことをしっかり考えてくれていると思いました。

【論証集の「使い方」】

　短い時間で各科目の復習，論点の書き方の簡単な確認ができるのがとても優れています。講義音声をダウンロードして，iPodで繰り返し再生していました。

【論文答案の「書き方」】

　答案の書き方が分からない状態というのは，「今は書けないから，問題演習しないでおこう，答案を書かないでおこう」と考えがちなのですが，そんな初学者状態の受験生に，強制的に答案を書く契機を与えてくれるので，そういう点でこの講座は有益だったと思います。他のテキストではあまり見ない「答案構成例」が見られるのも初学者の自分には助かりました。また，重要問題習得講座のテキストを用いた演習方法は，この講座で工藤先生がやっていたことをそのままやろうと考えて思いついたのであり，この講座がなければ勉強の方向性が大きく変わっていたのではないかと思います。

【重要問題習得講座】

　テキストが特に優れています。予備校の講座内で使用されているテキストは，口頭・講義内での説明を前提としているため，解説が書かれていなかったり不十分なことが多いのですが，重要問題習得講座のテキストは十分な解説が掲載されていますし，論証集，総合講義の参照頁も記載されていますから，自学自習でも十分にテキストを利用することができます。

【旧司法試験論文過去問解析講座（上三法）】

　テキストに掲載されている解説が詳細であるのみならず，予備試験合格者が60分で六法以外何も見ずに書いた答案が掲載されており，予備試験合格者のリアルなレベルを知ることができたのはとても有益でした。完全解を目指すためには模範答案を，とりあえず自分がどの程度のレベルに到達しているのかを測るためには予備試験合格者の答案を見れば良かったので，全司法試験・予備試験受験生に薦めたい講座の1つです。

―― 学習時間はどのように確保していましたか？

　学習時間はローの講義のない空きコマで問題を解くようにしていました。また，集中できないときはスマホの電源を切ってカバンの中にしまったり，そもそもスマホを持って大学に行かないようにすることで，「勉強以外にやることがない」状況を意図的に作り出すようにしていました。

―― 振り返ってみて合格の決め手は？　合格にアガルートの講座はどのくらい影響しましたか？

　演習中心で勉強し，細かい知識に拘泥することなく，「受かればなんでも良い」という精神で合格に必要な最短コースを選ぶことができたのが合格の最大の決め手になったのだと思います。重要問題習得講座は，そのような演習中心の勉強をするに当たりかなり有益でした。また，論証集の「使い方」についても，その内容面はもちろん，勉強方法について講座内でも，工藤先生は再三「受かればなんでもいい」「みなさんの目的は法学を理解することではなく，受かること」と仰っており，講義音声を聞き返す度にこれを耳にすることになるので，自分の目的意識を明確に保つことができたように思います。

―― 後進受験生にメッセージをお願いします。

　私自身もそうでしたが，よく思うのは，「合格者に勉強方法などについて質問をたくさんする人ほど，自分で勉強する気がない」ということです。勉強方法や合格体験談の情報をたくさん集めるだけで，なんとなく自分の合格が近づいたように錯覚してしまい，真面目に勉強しなくなるというのは私自身が経験した失敗です。受験生がやるべきことは，失敗体験を集めた上で，その失敗を自分がしないようにすることだと思います。私は講義動画を視聴するだけで自分では答案を書かなかったために，ロー入学時点で答案の書き方が全く分からない，答案が書けないという失敗を犯しました。受験生の方には，ぜひとも私と同じ失敗をしないようにしていただきたいと思います。

Profile

上田 亮祐 （うえだ・りょうすけ）さん

25 歳（合格時），神戸大学法科大学院出身。
平成 28 年予備試験合格（短答 1998 位，論文 173 位，口述 162 位），
司法試験総合 34 位（公法系 199 ～ 210 位，民事系 70 ～ 72 位，
刑事系 113 ～ 125 位，選択科目（知的財産法）3 位，論文 34 位，
短答 455 位），受験回数：予備，本試験ともに 1 回ずつ。

合格者インタビュー

INTERVIEW

福澤　寛人 さん

平成30年度司法試験予備試験合格
令和元年度司法試験１回目合格　慶應義塾大学出身

—— 法曹を目指したきっかけを教えてください。

　　法律の勉強が楽しく，法律を扱う仕事をしたいと感じたからです。弁護士の業務への興味よりも，法律学への興味が先行していました。

—— どのように勉強を進めていましたか？

　　総合講義300を受講したあとに，ラウンジ指導を受け，論文を書き始めました。今思えば，総合講義300と論文答案の「書き方」・重要問題習得講座は並行して受講すべきであったと感じています。

　　勉強の方針としては，手を広げすぎず，アガルートの講座を中心に勉強をしました。また，特に過去問の分析にも力を入れ，本試験というゴールを意識した勉強をするよう心掛けていました。

—— 受講された講座と，その講座の良さ，使い方を教えてください。

【総合講義300】

　　総合講義300は，300時間という短時間で法律科目全体を学べる点が良かったです。講座自体はとても分かりやすいのですが，法律そのものが難解ですので，どうしても理解できない箇所がありました。しかし，工藤先生がおっしゃる通り，分からない箇所があったとしても，一旦飛ばして先に進むという方針で勉強をしました。その結果，躓くことなく，また，ストレスを感じることなく，勉強を進めることができました。

【論文答案の「書き方」】

　　この講座は，論文の書き方の基礎をさらっと学べる点が良かったです。この講座は，受講をした後に，練習問題を実際に書き，先生に添削していただくと

いう使い方をしました。

【重要問題習得講座】

　この講座は，全ての問題を解くことで，重要な論点の論文問題をこなせる点が良かったです。この講座は，答案構成をした後に解説講義を聴き，自分の答案構成と参考答案を見比べ，自分に何が足りていないかを分析するという使い方をしました。

【論証集の「使い方」】

　この講座は，繰り返し聴くことで，自然と論証が頭に入ってくる点が良かったです。この講座は，iPhoneに音声を入れ，1.5倍速ほどのスピードで繰り返し聴くという使い方をしました。

【予備試験過去問解析講座】

　この講座は，難解な予備試験の過去問について，丁寧に解説がなされている点が良かったです。この講座は，予備試験の論文の過去問を実際に解いた後に，講義を聴くという使い方をしました。

―― 学習時間はどのように確保していましたか？

　隙間時間を有効に活用することで，最低限の学習時間を確保するよう意識していました。勉強に飽きたときには，あえて勉強をせず，ストレスをためないように意識をしていました。

―― 直前期はどう過ごしていましたか？

　直前期は，自分でまとめた自分の弱点ノートを見直していました。自分には，問題文を読み飛ばす・事情を拾い落とすなどの弱点があったため，本番でその失敗をしないよう，何度もノートを見ることで注意を喚起しました。また，何とかなるでしょうという気軽な心構えで試験を迎えました。

―― 試験期間中の過ごし方は？

　普段と違うことはせず，普段と同じ行動をするように心掛けました。また，辛い物や冷たい物など，体調を崩す可能性のある物は食べないよう気をつけました。

―― 受験した時の手ごたえと合格した時の気持ちを教えてください。

　短答式試験は落ちたと感じましたが，実際には合格できていたので，スタートラインに立てたという安心感がありました。

論文式試験は初受験だったため，よくできたのかできなかったのかも分かりませんでした。そのため，論文合格を知った時は嬉しい気持ちと驚きの気持ちが半々でした。

　　口述式試験は，完璧にはほど遠い手ごたえでしたが，合格しているとは感じていました。実際に合格していると知ったときには安堵しました。

―― 振り返ってみて合格の決め手は？　合格にアガルートの講座はどのくらい影響しましたか？

　　合格の決め手は，アガルートを信じて手を広げ過ぎなかったことであると感じています。アガルートの講座のみを繰り返すことによって盤石な基礎固めをすることができたと思います。そのため，上記の講座は，今回の合格に大きく影響していると考えます。

―― アガルートアカデミーを一言で表すと？

　　「合格塾」です。

―― 後進受験生にメッセージをお願いします。

　　予備試験は出題範囲が広く，受験は長期間の闘いになると思います。ですので，無理をし過ぎず，ストレスをためない勉強方法を模索することが大事だと思います。

　　また，私は，模範答案とは程遠い答案しか書けずにいました。しかし，それでも結果的に合格できていることから，合格するためには模範答案ほどの答案を書ける必要はないと分かりました。そのため，完璧な答案を書けなくとも，気にすることなく勉強を進めていただければと思います。

　　同じ法曹を目指す仲間として，これからも勉強を頑張りましょう。

Profile

福澤 寛人 (ふくざわ・ひろと) さん

21歳（合格時），慶應義塾大学4年生。
在学中に受けた2回目の予備試験で合格を勝ち取る。短答1770位，論文106位。
その後，令和元年度司法試験1回目合格。

秋月 亮平さん

京大ロースクール2年次に予備試験合格後中退。
平成30年度司法試験総合56位合格

—— 法曹を目指したきっかけを教えてください。

　文学部在籍時、専攻を変更した影響で1年留年が決まっていたところ、父に、「暇なら予備試験でも受けてみたら」と言われたのをきっかけに勉強を開始。公務員試験で勉強経験のない商法、訴訟法の勉強をしているうちに法律そのものが面白くなり、予備試験には不合格だったものの、法律を職業にしたいと思い、本格的に司法試験を目指すようになった。

—— アガルートとの出会いは？

　2年連続で予備試験不合格となり、親から予備校の利用を勧められた。そこで、私が前年より使用し始めていた市販の論証集の著者が開いているというアガルートというところにした。理由は、安いからである。

—— どのように勉強を進めていましたか？

　予備試験3回目の年は、クラスの中で予備試験を目指している友人と仲良くなり、短答合格後、論文試験に向け、励まし合いつつお互いに予備試験の過去問を書いたものを見せ合うということをやった。

　論文合格という驚天動地の出来事に目を白黒させながら口述対策を慌てて始めた。予備校で口述模試を受ける他は、法律実務基礎科目対策講座を読んで要件事実、刑事手続を詰め込んだ。また、民事訴訟の手続（執行保全含む。）、刑法各論の構成要件の暗記も行った。

　司法試験へ向けては、1月半ばから、過去問を書き始めた。しかし、予備試験後からのブランクを差し引いても、本試験の問題がそう簡単に書けるわけがない。ここから、模試と本試験まで、途中答案病に呻吟することとなる。

2月以降,他の予備校に週2回答練に通った。過去問を書いた感触からして,自分の最大のアキレス腱は途中答案であると確信していたので,問題文の読み方や答案構成のやり方はもちろん,ペンについても試行錯誤していかに時間内に書き切るかに課題を絞った。

—— 受講された講座と,その講座の良さ,使い方を教えてください。

【総合講義100】
　試験に要求される必要十分条件（必要条件でも,十分条件でもない。）を満たした知識がコンパクトに盛り込まれている。薄くて（商法のテキストを見たときはのけぞった。シケタイやCbookしか見たことがなかったから。）,持ち運びに便利なだけでなく,そもそも読む気が起きる。
　初めは講義とともに通しで受け,その後はアドホックに該当箇所を参照していた。公法,刑事は判例知識が乏しかったため,特定の分野の判例を何度も何度も読んで,目が開かれた（例えば行政法の原告適格の判例だけを繰り返し読んで講義を聴くうち,個々の判例の内容も頭に入るようになったし,問題を解くときに判例を地図にして判断できるようになった。）。そのため,一番役に立ったのは判例の解説だったと思う。

【論証集の「使い方」】
　徹底して判例・調査官解説・通説に準拠しており信頼性が抜群である。キーワードと規範（判例が使っている理由づけ含む。）にマークして,流し読みを繰り返す。たまにじっくり読む機会を作って,1つ1つの文の意味を本当に理解しているか,換言すればそれをくだけた言葉遣いででも他人に説明できるだろうかということを問いながら読むと,実はよくわかっていないということがわかったりする。巷で言われている通り確かに論証が長めだが,その分いつまでも発見が尽きない。講義も音楽感覚で聴いていたが,やはり論証を手元に置いて先生が言っているポイントを書き込んでしまう方が話が早い。

【重要問題習得講座】
　論点の網羅性が高く,論証の真の「使い方」はこの講座で体得した気がする。使い方としては,法律的な構成と論点抽出を正しくできるかに力点を置いて,あてはめは,最悪あまり上手くなくても気にせずクリアということにしていた。1周目の出来を○,△,×に分け（救急医療の用語でトリアージと呼んでいた。）,×の問題だけ繰り返すようにしていた。あまりクリア基準を厳しくしすぎると優先順位を上手く割り振れないため,△は甘めにしていた（小さな論点落としなど。）。

—— 学習時間はどのように確保していましたか？

　ロースクールの予習復習はあまりしていなかったので，授業時間以外は基本的に自分の勉強時間にあてることができた。もっといえば授業中も論証を読んでいたりしていた。また，電車での移動時間に論証や総合講義を読む（聴く），肢別本を解くなどもした。

　ロースクールに行かなくなってから直前期までは，昼に自習室に行き，過去問や重問をメインで勉強し，夜９時すぎに帰っていた。他予備校の答練がある日は，答練後自習室に戻り，答練で出た分野の復習をすることが多かった。

—— 振り返ってみて合格の決め手は？　合格にアガルートの講座はどのくらい影響しましたか？

　決め手を１つに絞るのは難しいので２つ挙げると，論証だけはしっかり覚え（る努力をし）たのと，わからない問題からはさっさと逃げたことだと思う（私は「損切り」と呼んでいた。）。

　論証集の「使い方」を繰り返し聴き，問題の所在や規範自体の意味まで学べたので，法律論はもちろんのこと，あてはめまで充実させることができた。予備試験から司法試験で共通しているのは総合講義と論証集なので，この２つが決定的に影響したと思われる。

—— アガルートアカデミーを一言で表すと？

　「合法ドーピング」

—— 後進受験生にメッセージをお願いします。

　司法試験に合格するのは，他ならぬ「あなた」しかいません。合格者の言うことは金科玉条では全くなく，ネットやロースクールで出回る噂は基本眉唾です。予備校もそうで，所詮あなたが使い倒すべき駒の１つにすぎません。どれを捨て，どれを活かすかもあなたが自由に決めてよいのです。どんな些細な情報にも，振り回されず，フラットに受け止めて，たくさん捨て，たくさん活かしてください。

秋月 亮平（あきづき・りょうへい）さん　*Profile*

25歳（合格時），京都大学文学部卒業，京都大ロー未修コース中退。
予備試験は学部５回，ロー１年次で不合格後，２年次に合格。
平成30年度司法試験１回合格（総合56位）。

〈編著者紹介〉

アガルートアカデミー

大人気オンライン資格試験予備校。2015年1月開校。

●司法試験，行政書士試験，社会保険労務士試験をはじめとする
　法律系難関資格を中心に各種資格試験対策向けの講座を提供し
　ている。受験生の絶大な支持を集める人気講師を多数擁する。
　合格に必要な知識だけを盛り込んだフルカラーのオリジナルテ
　キストとわかりやすく記憶に残りやすいよう計算された講義で，
　受講生を最短合格へ導く。

●近時は，「オンライン学習×個別指導」で予備試験・司法試験の
　短期学習合格者を続々と輩出する。

アガルートの司法試験・予備試験
総合講義1問1答　民法

2019年 8 月15日　初版第 1 刷発行
2019年12月25日　初版第 2 刷発行
2020年11月11日　第 2 版第 1 刷発行
2022年 9 月20日　第 2 版第 2 刷発行

編著者　アガルートアカデミー

発行者　アガルート・パブリッシング
〒162-0814　東京都新宿区新小川町5 5　サンケンビル4階
e-mail：customer@agaroot.jp
ウェブサイト：https://www.agaroot.jp/

発売　サンクチュアリ出版
〒113-0023　東京都文京区向丘2-14-9
電話：03-5834-2507　FAX：03-5834-2508

印刷・製本　シナノ書籍印刷株式会社

すべては受験生の最短合格のために

AGAROOT
ACADEMY

アガルートアカデミー ｜ 検索